Eugène VINAVER

ENTRETIENS
SUR
RACINE

avec une introduction de R. C. Knight

Librairie A.G. Nizet
Paris
1984

SUR
RACINE

Après avoir cessé de tenir sa chaire à l'Université de Manchester, où il avait placé son Département de Français parmi les premiers du pays, Eugène Vinaver passa dix années (1966-1976) d'une longue et vigoureuse « retraite » sur les campus de l'Amérique du Nord, dont l'hospitalité lui fut infiniment agréable.

Seule trace de son enseignement de ces années, les *Entretiens sur Racine* ont été rédigés en 1973-74 sous la forme d'un cours professé dans l'Université de Victoria (Colombie britannique). Il y entrevit la matière d'un livre futur qui aurait été la suite, ou peut-être faut-il dire le texte enfin définitif de l'étude si connue qu'il avait consacrée en 1951 à son poète de prédilection. Ce livre, il ne l'a pas fait : des troubles de la vue, qui n'ont cessé de s'aggraver, l'en ont empêché. Seules restent une dactylographie et quelques dizaines de pages autographes qui représentent, semble-t-il, un texte préparé d'avance à partir duquel il devait parler ou peut-être improviser ; et c'est ce qui, selon le désir exprès de sa veuve, est reproduit ici avec le minimum de retouches nécessaires.

A Victoria il n'y avait pas, à ce moment-là, de ces jeunes chercheurs, candidats à la maîtrise ou au doctorat, qui constituent au Canada et aux Etats-Unis l'auditoire habituel du Visiting Professor : le public des *Entretiens* se composait, en partie d'étudiants de licence, en partie de collègues dont plusieurs appartenaient à des disciplines voisines. Auditoire auquel il ne pouvait supposer tout à fait la même somme de connaissances acquises qu'aux lecteurs de ses ouvrages d'érudition, mais nullement incapable de suivre, ni même de stimuler par ses interventions, les envolées d'une haute méditation critique et esthétique.

Eugène Vinaver avait cette rare distinction, d'occuper le premier rang dans deux domaines littéraires de nature différente et séparés dans le temps : s'il est vrai qu'il a débuté en médiéviste et qu'il est connu surtout pour avoir renouvelé nos idées sur le roman arthurien, il est certain aussi que sa plaquette de 1944 et son court « essai » de 1951 [1] ont fait époque dans la critique racinienne.

---

1. Racine, *Principes de la tragédie en marge de la* Poétique *d'Aristote*. Texte établi et commenté par Eugène Vinaver. Manchester, 1944 ; deuxième édition revue et corrigée, Paris-Manchester, 1951 ;

E. Vinaver, *Racine et la poésie tragique*, essai. Paris, 1951 ; deuxième édition revue et augmentée, Paris, 1963. — *Racine and Poetic Tragedy*, translated from the French by P. Mansell Jones, Manchester, 1955.

Les fervents de Vinaver racinisant retrouveront dans ces pages la voix qu'ils connaissent bien, sinon tout à fait le même ton. Pour son auditoire canadien il a adopté le style, non d'un cours magistral mais d'une causerie qui se veut détendue, amicale, presque intime. En professeur expérimenté, il ne refuse pas de souligner ce qui a besoin d'être souligné, il n'a pas peur des récapitulations et des redites nécessaires — redites dont un certain nombre ont été supprimées ici.

On retrouve le même thème — et c'est le contraire qui aurait paru inexplicable à ceux qui comprennent à quel point ce thème est fondamental à la pensée de l'auteur. Il n'a voulu étudier chez Racine que sa quête et sa redécouverte du *tragique,* auprès duquel tout le côté mécanique du *drame* ne méritait à ses yeux qu'un mépris du moins relatif. Dans l'intimité il admettait sans peine qu'il avait forcé la note quelque peu : selon lui il le fallait, s'il voulait rétablir l'équilibre.

On retrouve essentiellement la même démonstration, mais une disposition différente, moins de concision et de densité mais plus de clarté peut-être et d'aisance, un nouveau luxe d'illustrations, de commentaires, d'interprétations dont plusieurs sont repris aux quelques articles qu'il avait fait paraître dans l'intervalle qui sépare les deux ouvrages, et qu'on sera heureux de retrouver ici [2].

Les premiers chapitres posent donc le primat de ce tragique, comme aussi le rôle primordial de la poésie, sans laquelle celui-là ne saurait se communiquer ni aux personnages ni à nous, lecteurs ou spectateurs. Trois chapitres qui suivent (V-VII) s'efforcent de caractériser l'expression poétique de Racine par de curieuses analyses syntaxiques, prosodiques, sémantiques ; ils aident à saisir le jeu de cet *égarement* et de cette *reconnaissance* d'où procède la véritable action tragique (VIII-XI). La plupart des exemples sont empruntés, comme l'auteur l'avait promis, aux deux tragédies exemplaires à cet égard d'*Andromaque* et de *Phèdre.*

Ensuite on constate une sorte de rebondissement, comme si les *Entretiens* venaient de bénéficier d'une prolongation inattendue de quelques semaines (ce qui pourrait bien avoir été le cas) : ce n'est qu'après une nouvelle promenade linguistique

---

2. *L'action tragique dans le théâtre de Racine* (The Zaharoff Lecture for 1960). Oxford : Clarendon Press, 1960. Cf. ici pp. 45-47, 84, 92-95 ;

« Racine et le temps poétique » in *Studies in Modern French Literature presented to P. Mansell Jones,* éd. L.J. Austin *et al.* Manchester University Press, 1961. Pp. 316 s. (Déjà repris dans *Racine et la poésie tragique,* 2ᵉ éd., pp. 181-95.) Cf. ici pp. 50-57 ;

« L'éclosion du tragique dans le théâtre de Racine » in *Bulletin de l'Académie royale de Langue et de Litterature françaises XLIV,* Bruxelles, 1966. Pp. 111 s. Cf. ici pp. 20-28 ;

« Sur un vers de Racine » in *History and Structure of French : Essays in the Honour of Professor T.B.W. Reid,* éd. par F.J. Barnett *et al* Oxford : Basil Blackwell, 1972. Pp. 239-44. Cf ici pp. 119-123.

Nous remercions vivement l'Académie royale de Langue et de Littérature françaises, les Presses Universitaires d'Oxford et de Manchester, et les éditions Basil Blackwell d'avoir bien voulu autoriser la reproduction de ces pages.

(XII-XIV) et une séance d'audition de disques, qu'enfin nous débouchons sur l'admirable conclusion, digne fruit de tant d'années de méditation et de maturation : réconciliation parfaite, accord pleinement consenti entre ces frères ennemis dénommés ici *tragique ancien* et *dramaturgie moderne*, qui finissent par s'embrasser dans la généreuse euphorie d'un dénouement à la Corneille.

C'est à l'Université de Victoria qu'Eugène Vinaver aurait voulu dédicacer son livre. Laissons-le s'exprimer lui-même, dans les mots d'adieu qui suivent la dernière page des *Entretiens*.

> Votre présence, votre émouvante fidélité à ce rendez-vous racinien pendant les quelques mois que j'ai passés parmi vous, m'ont engagé à rédiger toute une série de textes où je vois déjà l'ébauche d'un nouveau livre. Si jamais ce livre voit le jour, ce sera en grande partie votre œuvre à vous qui y avez si activement, si patiemment collaboré. A chaque étape du travail que j'aurai encore à faire je retrouverai le souvenir et la trace des échanges de vues qui ont eu lieu autour de cette table, et dont je ne saurais trop dire le prix.

La préparation de ce volume doit beaucoup aux avis attentifs et judicieux de mon ami Peter Hampshire, mieux connu sous le nom de Peter H. Nurse, ami de Vinaver lui aussi. Madame Elizabeth Vinaver a contribué ses souvenirs personnels et approuvé nos solutions ; mais je tiens à lui exprimer ma reconnaissance surtout pour m'avoir fourni l'occasion de rendre à une mémoire honorée un dernier hommage d'amitié et d'immense respect. De tous ceux qui m'ont aidé à comprendre Racine, je puis dire qu'Eugène Vinaver fut le seul où j'aie reconnu un Maître. Comme il a bien voulu le rappeler dans ces pages, j'ai été son élève à Oxford ; j'y ai suivi le cours qui contenait les germes de la doctrine élaborée depuis ; et je l'ai eu, durant une année, comme *tutor*, dans ce magnifique système de tête-à-tête hebdomadaire entre maître et élève qu'Oxford a inventé et qui est resté sa principale gloire. Il m'a étonné, tout présomptueux que j'aie pu être alors, en me permettant de discuter librement avec lui ; mais jamais je ne l'ai quitté sans la certitude d'être passé juste à côté de la vérité. Nos rapports, naturellement, se sont prolongés et resserrés depuis, et ce qu'il lui a plu d'appeler nos dialogues raciniens n'ont pas cessé non plus. Maintenant le dernier mot reste avec lui ; et l'entretien, tristement, s'interrompt.

R. C. K.

I

L'histoire littéraire est une science relativement récente, dont les débuts, du moins en Europe, ont été difficiles et qui pendant longtemps est restée, si je puis m'exprimer ainsi, sur la défensive. En France, l'enseignement de l'histoire littéraire moderne dans les Facultés n'est guère antérieur au dernier quart du XIX⁰ siècle. Je dis bien de l'histoire littéraire, qu'il convient de distinguer de l'enseignement des textes littéraires qui, lui, remonte aux premiers siècles du moyen âge. Pendant tout le moyen âge, on lisait, on étudiait, on expliquait les auteurs latins, et cette lecture attentive des textes s'appelait alors *grammatica* ou grammaire. Les termes de lettres et de littérature que nous employons aujourd'hui ne sont en somme qu'une traduction latine des mots grecs *grammata* et *grammatica* [1]. L'enseignement des lettres au XVII⁰, au XVIII⁰ et dans la première moitié du XIX⁰ siècle n'était pas un enseignement historique, mais purement analytique : on étudiait les textes non pas dans leurs rapports génétiques entre eux — on ne se demandait même pas si de tels rapports existaient — mais en eux-mêmes et pour eux-mêmes. Au XIX⁰ siècle, avec le réveil de la science historique, on s'est aperçu que les textes littéraires pouvaient fournir aux historiens des institutions et des langues des témoignages précieux. Les philologues et les historiens s'en emparèrent, et en tirèrent grand profit. Mais, chose curieuse, les textes que l'on étudiait ainsi étaient considérés simplement comme des témoins de quelque chose qui n'était pas littéraire. D'où cette curieuse remarque de Renan que j'ai trouvée un jour en parcourant son magistral *Avenir de la Science*, remarque qui risque de vous étonner. La voici : « On ne décrit guère que les livres qu'on ne lit plus. » Elle suit un développement qui mérite d'être cité *in extenso* :

> On lira peu les auteurs de notre siècle ; mais qu'ils s'en consolent. On en parlera beaucoup dans l'histoire de l'esprit humain. Les monographes les liront et feront sur eux de curieuses thèses, comme nous en faisons sur d'Urfé, sur La

---

1. Cf. E.R. Curtius, *Europäische Litteratur in lateinisches Mittelalter*, Bern, 1948, p. 50.

Boétie, sur Bodin, etc. *Nous n'en faisons pas sur Racine et Corneille, car ceux-là sont lus encore*[2].

Voilà une phrase à mettre en épingle, car elle renferme toute une philosophie d'histoire littéraire, ou plutôt une définition de l'histoire littéraire qui est à l'opposé de celle que nous connaissons et qu'on nous a enseignée. Pour Renan un grand chef-d'œuvre, dans la mesure où il est encore lu, est une source de plaisir et non pas un objet d'étude historique, et histoire littéraire veut dire tout simplement histoire illustrée par des textes, de préférence par des textes qu'on ne lit plus, car il serait dommage de sacrifier à l'histoire, des textes ayant une existence à eux en tant qu'œuvres d'art. L'effort de l'érudition ne doit pas porter sur les grands, sur ceux qui nous parlent directement à travers les siècles et se passent d'historiens. On ne les décrit pas, précisément parce qu'ils sont parfaitement lisibles et que rien par conséquent ne justifierait la présence d'un intermédiaire entre eux et nous.

C'est à peu près dans cet esprit que Péguy étant étudiant a répondu à son jury de licence qui lui demandait d'expliquer un texte de Molière : « Pourquoi voulez-vous que je l'explique ? C'est très clair. » Il était convaincu, comme Renan, qu'il fallait laisser le lecteur en tête à tête avec les grands esprits du passé, et que ce commerce intime, direct, personnel, pouvait se passer des lumières de la science historique.

Confiance au lecteur et confiance aux grands écrivains — voilà quelle était la devise de nos ancêtres. On admettait, certes, que la génération montante, pendant ses années de formation première, assouplît son intelligence et son goût par une étude approfondie des textes sous la direction de maîtres qualifiés. Mais une fois sorti de cette période de formation, on devenait lecteur des grands classiques, et non leur historien.

Or, vous savez que nous, ou plutôt nos maîtres, ont changé tout cela. L'histoire littéraire telle qu'on l'enseigne aujourd'hui dans le monde entier est bel et bien l'histoire de tout ce qui a été écrit de littérairement valable, et on ne compte plus les thèses sur les grands écrivains. La création de cette discipline que nous sommes tous censés pratiquer a entraîné forcément une nouvelle façon de concevoir le phénomène littéraire. Pour qu'un poète comme Racine puisse faire l'objet d'une recherche historique, il faut que son œuvre ait une histoire, autrement dit qu'elle s'inscrive dans un mouvement, qu'elle participe à une évolution. Et dans la mesure où l'on croit que tout ce qui existe dans ce monde évolue et progresse d'étape en étape, dans la mesure où l'on croit qu'une telle évolution doit pouvoir se constater sur des tranches de durée, il est normal que l'on traite les grands chefs-d'œuvre poétiques comme on traite les espèces animales et végétales, et que l'on se représente la création en poésie comme une succession d'états découlant les uns

---

2. Chap. XIII.

des autres, de seuils à travers lesquels l'œuvre avance sans interruption vers sa forme définitive.

Mais une telle optique suppose tout d'abord que le passage de la pré-vie à la vie s'opère dans le domaine littéraire selon le mode que le transformisme scientifique postulait autrefois pour expliquer la vie de l'univers. Et notez bien que c'est précisément à l'époque du transformisme triomphant, il y a un peu moins d'un siècle, qu'eut lieu ce transfert du principe évolutif du domaine des sciences positives dans celui des sciences humaines. Les sciences dites positives ou naturelles ont depuis lors radicalement modifié leur position ; et je ne crois rien exagérer en disant que les études littéraires constituent aujourd'hui le seul refuge, pour ne pas dire la dernière épave du transformisme scientifique de la fin du siècle dernier. Tout un système d'images s'est constitué dans notre domaine à la suite de ce mariage forcé, images dont la familiarité même fait qu'on y ajoute foi. On parle, depuis La Bruyère, de l'œuvre littéraire comme d'une pendule et cela se défend ; mais on ajoute qu'il suffirait de l'ouvrir pour en surprendre le secret. La Bruyère avait dit seulement que *c'est un art* de faire un livre comme de faire une pendule ; il ne prétendait pas pouvoir en démonter le mécanisme ni expliquer comment elle était faite. Ou bien on assimile la création poétique au développement d'un être vivant, régi par des lois propres à son espèce et à son milieu. Dans l'un comme dans l'autre cas on cherche à fixer, à l'aide d'une simple analogie, un principe dont personne ne sait s'il existe. Lorsqu'on parle, comme nous le faisons couramment, du chemin suivi — ou parcouru — par le poète, nous supposons que le travail de celui-ci est assimilable à une marche d'étape en étape, à une progression à partir d'un point déterminé, à une montée dont il serait possible de suivre la trace. Mais qui nous dit qu'il en soit ainsi ? Et que deviendraient toutes ces belles métaphores si un jour nous découvrions que dans le cas des chefs-d'œuvre qui nous occupent — des tragédies de Racine par exemple — rien de tel ne s'est jamais produit, qu'il n'y a eu ni montée, ni progression, ni chemin à suivre ?

J'aime autant vous dire dès maintenant, sans détours, à quel résultat ont abouti mes propres réflexions dans ce domaine. Ce serait de ma part de l'ingratitude que de nier les bienfaits que je dois à l'histoire littéraire. Mais s'il fallait dire quel est le plus grand de ces bienfaits, je répondrais sans hésiter que c'est la preuve qu'elle m'a fournie elle-même de son impuissance à rendre compte du phénomène poétique que nous appelons Racine. Sainte-Beuve a dit un jour à propos d'un de ses compatriotes dont on louait devant lui l'érudition : « Oui, bien sûr, il sait tout, *mais nous savons le reste.* » Il est facile, en effet, de faire une très belle et très harmonieuse histoire du théâtre français au XVIIe siècle, en faisant tout aboutir à l'œuvre de Racine, qui en serait le point d'arrivée et le couronnement. C'est ainsi que procédaient et que procèdent encore la plupart des historiens littéraires, depuis Faguet jusqu'à nos jours. Pour Faguet, dans son histoire de la tragédie française au xvie siècle, ce n'est pas seulement le xviie siècle, mais tout ce qui l'a précédé, qui prépare l'avènement de Racine. Lanson et ses disciples ont apporté à cette thèse des réserves et des modifications importantes, en insistant en particulier sur la grande coupure qui sépare l'époque de Corneille de celle de Garnier, et en précisant, ce qui est capital, le rôle de la tragi-comédie dans la formation du système dramatique du xviie siècle. N'empêche qu'à partir de là ils ont cru pouvoir discerner une évolution, une montée progressive vers le sommet racinien, et Daniel Mornet, un des disciples les plus fidèles — trop fidèles — de Lanson, dans son livre sur Racine, est même allé jusqu'à intituler un chapitre : « Racine avant Racine. »[3] Il y a donc eu, selon Mornet, une préparation si complète, si massive à l'œuvre de Racine que quelque chose de très racinien a précédé Racine lui-même. Mornet était d'ailleurs grand spécialiste de ce genre de recherches. Dans un livre sur la *Nouvelle Héloïse* de Rousseau, il avait proposé un calcul sensationnel : 14 % seulement du livre appartenait à Rousseau, le reste existait avant lui. Pour Racine la proportion serait encore moins élevée : elle ne dépasserait pas 10 %. Le reste ne serait pas « de lui ». Car après tout, ce n'est pas lui qui avait inventé la passion aveugle et meurtrière, ce n'est pas lui, ce sont ses contemporains et ses prédécesseurs immédiats qui avaient affiné l'art cornélien de l'intrigue, et ce n'est certes pas lui qui avait formulé les règles de la prosodie classique française. Toute une doctrine de l'amour-passion et de l'amour-maladie avait été fournie aux dramaturges de l'époque par les romanciers du milieu du siècle. « L'amour, dit un personnage du *Grand Cyrus*, n'est pas accoutumé à demander le conseil de notre raison ni le consentement de notre volonté pour nous assujettir. »[4] Dans les pièces de théâtre qui précèdent de près *Andromaque* on voit apparaître des personnages féminins qui ordonnent sans broncher la mort des « ingrats » pour les empêcher d'épouser leurs rivales, ou simplement pour les punir : l'*Arsinoé* de Boyer, l'*Hésione* de Thomas Corneille, l'*Amalfrède* de Quinault. Voilà, dit-on, où Racine a trouvé le modèle de ses grandes héroïnes passionnées et la matière psychologique de ses pièces. Et avec chaque nouvelle étape de l'enquête s'allonge l'inventaire de ce qui, chez Racine, « n'est pas de lui ».

Il y a deux reproches à faire à ce raisonnement. Tout d'abord, même en admettant que dans l'œuvre de Racine moins d'un dixième lui appartient en propre, il s'agirait de savoir quel est la valeur et le poids de ce dixième. Qui nous dit que ce dixième ne serait pas dans certains cas plus pesant, plus significatif que les neuf dixièmes empruntés aux autres ? Quiconque connaît un peu les caprices de l'art d'écrire sait ce qu'un seul mot peut apporter à une phrase entière de sens et d'intérêt. Racine a trouvé chez Rotrou, ce vers :

---

3. *Jean Racine*, 1944, chap. III, p. 71.
4. Scudéry, *Artamène ou le grand Cyrus*, 1650-53, t. III, l. iii.

Il faut absolument ou périr ou régner [5].

Et vous savez peut-être ce qu'il en a fait. Il en a fait ce vers de Pyrrhus :

Je vous le dis : il faut ou périr ou régner.

Ce n'est pas un mot, c'est le vers tout entier qui s'est trouvé transformé par la simple suppression d'un seul mot. Les 14 % de la *Nouvelle Héloïse*, les 10 % de Racine, ne valent-ils pas après tout autant que les 86 ou les 90 % qui viennent de l'extérieur ?

Et puis, et surtout, il y a autre chose, il y a là un principe esthétique fondamental que la critique dite historique semble oublier ou ignorer. La distinction même entre ce qui est de Racine et ce qui n'est pas de lui est fausse. Tel vers de Racine emprunté à Rotrou ou à Corneille, tel motif, telle situation suggérés par Euripide, par Sénèque ou par Garnier, diffèrent de leurs modèles non point par les quelques traits que Racine y ajoute ou en retranche mais par le fait d'une existence nouvelle à laquelle ils sont désormais appelés. Ce n'est pas à l'aide d'un simple procédé de soustraction qu'on arrive à découvrir la singularité d'un poète, mais en considérant l'œuvre comme un ensemble organique conçu et réalisé synthétiquement ; non comme une série d'éléments superposés les uns aux autres, mais comme un tissu continu de relations.

De là vient que tout effort pour situer Racine historiquement doit être accompagné de certaines réserves : il faut savoir si ce que l'on situe est bien ce qui constitue le phénomène racinien, si l'étude des sources ne risque pas de nous faire commettre un contresens très grave sur l'œuvre elle-même. Car il est possible de faire une histoire du théâtre dit classique avant Racine, mais ce qu'une telle histoire mettra en lumière ne sera peut-être pas ce que nous entendons par Racine. Elle nous expliquera par exemple comment Racine a construit l'intrigue d'*Andromaque*, comment il a organisé la matière polymorphe du mythe d'Hippolyte, comment il s'est arrangé pour suivre dans l'un comme dans l'autre cas les règles du théâtre, à respecter les bienséances, à s'exprimer avec pureté et netteté, comme on disait alors, c'est-à-dire avec correction et clarté. On peut dire que dans chacun de ces domaines il y a eu, en effet, évolution, mais il n'est pas dit que ce qui a évolué soit vraiment ce qui compte ou qui devrait compter. Racine aurait pu faire tout cela : des pièces conformes à l'usage, plus parfaites même que celles qui les ont précédées, sans jamais accéder au rang de grand poète, sans laisser la moindre trace dans les annales de notre poésie.

Tout le problème de l'histoire littéraire en tant que discipline historique se trouve engagé dans ces quelques observations. Racine entre dans la vie littéraire de son temps sans aucune

---

5. *Cosroès* (1649), éd. J. Scherer, 1950, v. 248.

velléité de révolte, non pour changer les formes d'art existantes, mais pour les utiliser et les revaloriser ; jamais il ne fait figure d'iconoclaste, jamais il ne cherche à s'opposer aux conventions et aux usages de son époque et de son milieu. Il est, en apparence du moins, le plus conformiste des écrivains, ce qui veut dire qu'il accepte sans le moindre mouvement d'impatience les formes traditionnelles de l'écriture théâtrale. Voilà pourquoi il paraît être, à première vue, un objet idéal de recherche historique : lui qui cherche à maintenir et à consolider les liens qui le rattachent à la tradition — à tout ce qui précède et à tout ce qui accompagne son œuvre. Et pourtant, plus on l'étudie et plus on constate que tout ce qui est vraiment valable et viable dans son œuvre échappe à notre prise d'historiens. Au sein même des formes héritées, alors qu'on a l'impression qu'il ne cherche qu'à les exploiter à fond, surgit, on ne sait comment, quelque chose dont il n'aura pas toujours été conscient lui-même, qu'il lui sera même difficile de définir exactement en se servant du langage de son temps — une façon jusque-là à peine connue de faire agir et parler ses personnages. En pleine tragédie de convention, dans un cadre élaboré par le siècle, et qui n'était en somme ni tragique, ni poétique en soi, éclôt un tragique nouveau, essentiel, se réveille brusquement une poésie du destin dont la sonorité n'a pas d'antécédent dans le théâtre de son temps. Ce phénomène, nous allons pouvoir l'observer sur plusieurs plans, et dans des contextes très variés. Sur le plan de la structure dramatique tout d'abord, où nous constaterons que c'est à l'encontre du modèle généralement accepté plutôt qu'en conformité avec ce modèle, qu'évolue l'action profonde de pièces comme *Andromaque*, *Bérénice* et *Phèdre*. Sur le plan du maniement du discours, une déviation analogue se produira qui acheminera les personnages vers des horizons jusqu'alors inconnus. Nous verrons ensuite comment ce qui faisait partie du grand catéchisme dramatique de l'époque, la règle de l'unité de temps, aboutira chez Racine à quelque chose qui sera tout le contraire du principe esthétique dont elle dépendait à l'origine. Et enfin, *last but not least*, nous tâcherons de voir ce qu'est devenue, chez Racine, la langue de la tragédie noble, et comment, s'écartant à son tour des principes qui avaient présidé à sa formation, elle devient, chez Racine, l'instrument d'une poésie qui n'a pas de commune mesure avec celle des autres poèmes dramatiques du grand siècle.

Voilà à quelle enquête je me permets de vous convier, en vous prévenant, comme je viens de le faire, qu'il ne s'agit pas là uniquement de Racine, mais de tout phénomène poétique. La question que je me pose est au fond très simple : y a-t-il une recherche valable dans la genèse des grandes créations poétiques ? Autrement dit, peut-on saisir, avec les moyens dont nous disposons, le processus de leur formation progressive ? La nature des choses, a dit très justement Descartes, est bien plus facile à étudier lorsqu'on les voit naître peu à peu que lorsqu'on les considère toutes faites. Cela est vrai. Mais que faire des choses qui ne naissent pas nécessairement peu à peu, ou du moins qu'on ne peut pas voir naître peu à peu ? On peut, bien sûr, voir ce qui les précède, et admirer la distance qui les en sépare : mais admirer plutôt que mesurer, car cette distance risque le plus souvent d'échapper à nos mesures. Et quand elle y échappe, n'y a-t-il pas lieu de se contenter de l'étude des choses, en renonçant à celle des causes ? La science moderne elle-même en fait parfois autant, elle qui se contente souvent aujourd'hui d'étudier les phénomènes naturels dans leurs manifestations. Faisons comme elle. Nous verrons d'ailleurs qu'en procédant ainsi, nous ne renoncerons qu'à des conquêtes imaginaires. Les vraies conquêtes de l'esprit nous en paraîtront plus proches.

II

Nous avons vu que la connaissance du théâtre français de l'époque ne sert pas à nous rendre plus intelligible l'éclosion de la poésie de Racine ; au contraire, elle ne fait que renforcer en nous l'impression de quelque chose sans mesure commune avec son contexte historique. Il ne s'agit pas d'une différence de degré de perfection, mais d'un autre genre d'art, et ce malgré l'apparente similitude, malgré le conformisme avoué de l'auteur qui ne souhaitait, semble-t-il, que maintenir et illustrer les formes d'écriture et de composition théâtrales établies bien avant lui.

A ce stade préliminaire de notre enquête je ne puis vous proposer que des hypothèses de travail, quitte à les soumettre ensuite à l'épreuve d'une lecture attentive des textes ; et l'hypothèse que je vous propose pour commencer consiste à situer le moment créateur, le moment poétique de l'œuvre dans une certaine qualité de langage, dans la qualité de ce que j'ai appelé la *voix intérieure* de l'œuvre. Phèdre nous fournit la preuve la plus éclatante de la présence de cette voix, et de ses prestiges. La scène elle-même semble disparaître sans laisser de trace dans notre esprit dès qu'on entend certains vers, comme ceux que prononce Thésée dans la scène où on le voit paraître pour la première fois, à peine sorti de l'empire des ombres :

> Je n'ai pour tout accueil que des frémissements,
> Tout fuit, tout se refuse à mes embrassements,
> Et moi-même, éprouvant la terreur que j'inspire,
> Je voudrais être encor dans les prisons d'Epire.

Paroles plus visibles, plus présentes que le décor, quel qu'il soit. Paroles qui s'érigent en nous en une action plus tendue, plus décisive que tout le reste. Les deux seuls décors qui nous soient réellement donnés, sont ceux que font surgir les personnages eux-mêmes, lorsqu'on les entend dire les ténèbres des prisons, des labyrinthes, et de l'au-delà.

Et c'est dans le grand monologue de la *déclaration* de Phèdre, au cours de l'évocation du labyrinthe où elle se retrouve et se perd avec Hippolyte, que commence le vrai mouvement de l'œuvre qui se prolonge ensuite à travers toutes les terribles vérités, toutes les illuminations qui éclairent son chemin de scène en scène et d'acte en acte. Et pour aller jusqu'au bout de cette découverte, elle reste en dehors de tous les coups de théâtre, en dehors du mouvement dramatique que déclenchent le bruit de la mort de Thésée et son retour imprévu. Tout en se laissant entraîner par les conseils d'Œnone, elle conserve intacte sa vision du destin dont rien ne saurait effacer l'horreur à ses yeux — vision qui échappe à tous les subterfuges du drame, à toutes les illusions qu'apporte aux personnages autres que Phèdre la savante stratégie des coups de théâtre. Autour de Phèdre, des événements se succèdent pareils à ces vains ornements et à ces voiles qu'elle rejette. Elle refuse de se laisser gagner par leur jeu, et si elle décide enfin de parler à Hippolyte, c'est pour protéger un fils qu'elle croit menacé. Même Œnone qui lui conseille cette démarche ne songe pas à en faire l'occasion d'un aveu. Mais Hippolyte paraît, et aussitôt les mots les plus ardents et les plus doux, les plus lourds de désir et de rêves que l'amour ait jamais prononcés, éclosent sur les lèvres de Phèdre sans qu'elle sache comment elle en est venue à les dire. C'est un songe qui les lui dicte, et le dialogue qui les précède, loin de l'obliger à les prononcer, ne fait que l'en détourner, comme nous le verrons lorsque nous aurons l'occasion de l'étudier de plus près. Mouvement tout intérieur qui défie la marche rectiligne du discours dialogué et crée, en dehors de tout ce que prescrivait aux personnages parlants le mécanisme de l'action, ce moment du destin qui seul confère à l'œuvre sa puissance et à Phèdre sa grandeur. C'est à partir de là que se répandra sur la scène le funeste poison du crime, l'horreur qu'éprouveront l'un après l'autre Hippolyte, Thésée et Aricie. Et le point culminant du rôle de Phèdre sera atteint lorsqu'elle ne parlera qu'à elle-même, là où, après avoir trouvé les termes les plus terribles et les plus précis pour décrire son crime, elle verra s'ouvrir à ses pieds l'abîme où la précipitera cet aveu même — abîme de désir, de remords et de honte.

La puissance de ce chant de désespoir et de terreur, quel lecteur tant soit peu sensible pourrait ne pas l'éprouver ? La Harpe, dont on a tort de ne pas consulter plus souvent le beau commentaire de Racine, raconte comment un jour, après avoir déclamé ce monologue de Phèdre, Voltaire lui avait déclaré désespéré : « Mon ami, je ne suis qu'un polisson en comparaison de cet homme-là. »[6] Valéry, le dernier des grands lecteurs de Racine, s'exprimera, deux cents ans plus tard, de façon plus nuancée, mais qui trahira chez lui la même émotion devant les paroles de Phèdre. L'œuvre, dira-t-il, se réduit dans le souvenir à un monologue et passe « de l'état dramatique initial à l'état lyrique pur ». « La trame, l'intrigue, les faits, ajoutera-t-il,... pâlissent promptement, et l'intérêt de l'appareil purement dramatique de l'affaire se dissout. » Seules « l'idée forte d'une certaine femme, l'impression de la magnificence du discours » survivent à « la contrainte qu'exerçait sur tout l'être la scène lumineuse et parlante ».[7]

On a beau admirer cette phrase, qui est du meilleur Valéry,

6. Œuvres complètes de Racine..., 1807, ad loc. (Phèdre 1264-94).
7. « Sur Phèdre femme », Variété V, pp. 185-86.

réunissant la précision à la suggestivité. Il n'en reste pas moins que notre vocabulaire critique, même manié par Valéry, n'est pas fait pour décrire exactement ce que nous voyons aujourd'hui dans *Phèdre* et ce que Valéry, et peut-être même Voltaire, y voyaient. Il est facile d'opposer le lyrisme statique au mouvement du drame. C'est ce qu'a fait non seulement l'abbé Bremond [8], mais plus récemment Etienne Gilson dans un chapitre de son très beau livre intitulé *Matières et Formes* [9], où il classe les choses selon certaines catégories fixes : drame, lyrisme, épopée. C'est qu'on n'est pas impunément philosophe : il eût été gênant pour un Gilson comme pour n'importe quel penseur de sa formation de ne pas pouvoir distinguer et séparer les choses les unes des autres. Remarquez que ce n'est pas ce que fait Valéry : « la trame, l'intrigue », dit-il, « pâlissent promptement » ; ce qui ne veut pas dire que la trame et l'intrigue soient absentes ou même inutiles ; elles sont là, elles font partie de cet appareil dramatique de l'affaire qui, selon Valéry, se dissout dans le souvenir. Pour lui cette dissolution même, ce passage, dans le souvenir, de l'état dramatique à l'état lyrique, fait partie intégrante de l'expérience poétique que nous procure la lecture ou l'audition de l'œuvre, expérience à deux temps qui fait que la frontière entre l'écriture dramatique et l'écriture lyrique s'efface à son tour. Cette contrainte qu'exerce sur l'esprit et les yeux, pendant que dure le spectacle, la scène lumineuse et parlante n'est pas une contrainte gratuite ou superflue. Elle a son rôle à jouer dans le rite poétique lui-même. Nous avons affaire ici à deux états de la parole, l'un et l'autre engagés dans un mouvement, l'un soumis aux hasards de l'intrigue, l'autre affranchi de toute pression du dehors : l'un qui consiste à agir sur les autres, l'autre à agir sur soi-même.

Nous n'avons pas la prétention, en l'état actuel de nos connaissances, de pouvoir dire comment un poète comme Racine est arrivé à créer dans le cadre d'une forme dramatique héritée cette source nouvelle d'émotion. Le fait est que tout finit par s'effacer devant elle, et les feux de la rampe une fois éteints, nous ne sommes plus conscients d'autre chose. Nous ne cherchons pas à en connaître la genèse et le secret, pas plus les hommes de science d'aujourd'hui n'ont l'ambition de toujours remonter aux causes des phénomènes naturels qu'ils étudient. L'optimisme scientifique de la fin du siècle dernier ne survit aujourd'hui que dans le domaine de la science littéraire — celle des nouveaux critiques structuralistes comme celle des continuateurs fidèles de la vieille tradition universitaire. En effet, se croire capable d'expliquer le pourquoi des créations humaines — quelle étrange ambition ! Ne suffit-il pas de les décrire et tout d'abord de subir leur prestige, de témoigner de leur présence ?

---

8. *Racine et Valéry*, 1930, pp. 197-98.
9. L'auteur vise peut-être le début du chap. VIII, « Le Théâtre », pp. 239 s.

L'événement poétique qui nous occupe en ce moment — l'éclosion de la poésie racinienne — surgit sans se faire annoncer, et sans que l'on puisse dire ce qui a pu le conditionner. Et pour le constater, il suffit de relire attentivement *Andromaque*, il suffit de se demander comment, c'est-à-dire sous quelles influences et par quelles étapes, Racine est arrivé à composer le premier de ses grands chefs-d'œuvre tragiques.

Tout est dit, semble-t-il, à propos de cette pièce, sans laquelle ni la poésie, ni le roman, ni le théâtre en France ne seraient aujourd'hui tout à fait ce qu'ils sont. Tout est dit et pourtant tout reste encore à dire. Ce qui reste surtout à dire, c'est à quel moment *Andromaque* est devenue ce qu'elle est et Racine lui-même, ce qu'il est resté jusqu'à la fin de sa vie.

Car qu'on le veuille ou non, il ne l'a pas toujours été. Entre 16 et 25 ans il composa des odes et des poèmes de circonstance dont on ne parlerait point s'ils ne portaient son nom. A 25 ans, il réussit à faire donner par la troupe de Molière une pièce de théâtre — *La Thébaïde ou les frères ennemis*, tragédie dans le goût du temps et qui le fit souvent rougir après à cause de la singulière médiocrité de son écriture, médiocrité qu'il espérait se faire pardonner comme un péché de jeunesse. L'année d'après, en 1665, il connut enfin le succès avec une pièce de théâtre. Cette fois, c'était *Alexandre le Grand*, naïve fantaisie héroïque qu'il fit lire à Corneille pour avoir son avis. Corneille trouva que le jeune poète « avait un grand talent pour la poésie, mais qu'il n'en avait point pour la tragédie. » [10] Vous savez qu'il existe en France une sorte de jeu national qui consiste à comparer Racine à Corneille — jeu qui se joue à tous les niveaux de l'enseignement, depuis le lycée jusqu'à l'agrégation des lettres. Mais, à ma connaissance, jamais encore on n'a proposé aux jeunes Français qui postulent un titre universitaire de commenter cette anecdote si riche pourtant en enseignements. Pour Corneille, l'auteur d'*Alexandre* avait « un grand talent pour la poésie, mais n'en avait point pour la tragédie ». Pourquoi ? Non, certes, comme le veut Louis Racine, parce qu'il était « mauvais juge des talents ». Corneille s'y connaissait au contraire parfaitement bien, et s'il reconnut dans cette pièce une promesse de réussite *en poésie*, c'est que Racine y avait pleinement maîtrisé le langage de ses contemporains et qu'il s'était montré capable d'écrire avec cette *netteté* et cette *pureté* qu'exigeaient à l'époque les lecteurs avertis. C'est ce que Corneille avait compris en lisant *Alexandre* et c'est ce qu'il entendait au fond par « un grand talent pour la poésie ». La pièce n'était qu'une fade galanterie, mais sa langue, son vocabulaire, sa prosodie même étaient d'un écrivain déjà mûr, même si cet écrivain n'était pas encore Racine.

Entre *Alexandre* et *Andromaque* l'écart est bien plus grand qu'entre *La Thébaïde* et *Alexandre*. Alors qu'*Alexandre* rentrait

_____

10. L. Racine, *Mémoires*, in Racine, *Œuvres complètes*, **Pléiade**, 1950, I, 40.

bien dans le cadre d'un genre établi, illustré par des réussites non moins marquantes, *Andromaque* était quelque chose sans précédent, et ses premiers spectateurs ont senti, comme nous le sentons aujourd'hui, que jamais encore on n'avait entendu en France une voix qui ressemblât à celle que le jeune poète avait trouvée. Lui-même a essayé de nous en expliquer la genèse mais, comme il fallait bien s'y attendre, ce qu'il en a dit n'a fait que compliquer la tâche de ses interprètes. Il cite au début de sa Préface un long passage de l'*Enéide* de Virgile, qui contient, affirme-t-il, « tout le sujet de sa tragédie ».

Que doit-il, en effet, à Virgile, à Euridipe, à la légende de la guerre de Troie, à ces personnages de l'antiquité qu'il prétend avoir « rendus tels que les anciens poètes nous les ont donnés » ? Tout d'abord, les quatre personnages de la pièce : Andromaque, Pyrrhus, Hermione et Oreste, l'idée d'Oreste, poussé par son ardente passion (*magno inflammatus amore*), Oreste amoureux d'Hermione, assassinant Pyrrhus qui la lui avait enlevée. Or, chez Racine, Oreste tue Pyrrhus non pas parce que celui-ci a épousé Hermione, mais parce qu'il lui préfère Andromaque. Il tue Pyrrhus parce qu'Hermione fait de lui, Oreste, l'instrument de sa vengeance. Et d'autre part, Andromaque, chez Racine, ne subit pas l'humiliation de l'esclavage : elle est libre de refuser l'hommage de son vainqueur, et elle le refuse en effet, obligeant Pyrrhus à tout tenter

> Pour fléchir sa captive ou pour l'épouvanter.
> De son fils, qu'on lui cache, il menace la tête,
> Et fait couler des pleurs qu'aussitôt il arrête.

De son fils ? direz-vous. Mais son fils Astyanax, le fils qu'elle avait d'Hector, a été tué par les Grecs au moment de la destruction de Troie. Racine prolonge à dessein sa vie et fournit ainsi à Pyrrhus une arme contre Andromaque : ce fils d'Hector une fois ramené à la vie, devient l'enjeu même de la lutte dans laquelle tous les quatre personnages légués à Racine par l'antiquité se voient irrésistiblement engagés : Andromaque pour son fils et la foi qu'elle doit à Hector, Pyrrhus pour conquérir Andromaque, Hermione pour arracher Pyrrhus à Andromaque, Oreste enfin pour arracher Hermione à Pyrrhus. Cette disposition des personnages, ce n'est pas l'antiquité, ce n'est pas Virgile ni Euridipe qui l'avaient suggérée à Racine, c'est le théâtre français du XVIIᵉ siècle. C'est à ce théâtre que Racine avait emprunté le principal ressort dramatique de l'œuvre — le procédé qui consiste à grouper les personnages de telle façon que chacun aime celui ou celle qui ne l'aime pas, à les lier les uns aux autres par une chaîne de passions non partagées. Qu'un seul des personnages aimés par ceux qu'ils n'aiment pas change d'attitude, qu'il revienne à celui ou à celle qu'il n'aime pas, et aussitôt tous les autres en subissent le contre-coup. De là vient que le drame qui se joue entre Pyrrhus et Andromaque d'une part et entre Oreste et Hermione d'autre part peut se ramener à un mouvement unique. A une époque où il fallait satisfaire le goût du public qui demandait une action *complexe* et respecter *l'unité* d'action, au moins en apparence, quoi de plus utile que cette formule capable de faire éprouver à tous les personnages les conséquences de l'action d'un seul ? formule qui répond admirablement à ces deux exigences contradictoires : celle d'une *apparente unité* d'action et celle d'un jeu dramatique *riche en complications* ou, comme on disait alors, en « embarras ».

Dans la scène de l'exposition, lorsqu'Oreste demande à Pylade si Pyrrhus va lui rendre Hermione, Pylade lui explique très clairement le dilemme autour duquel va se construire l'action :

> Il l'aime. Mais enfin cette veuve inhumaine
> N'a payé jusqu'ici son amour que de haine,
> Et chaque jour encore on lui voit tout tenter
> Pour fléchir sa captive, ou pour l'épouvanter.
> De son fils, qu'il lui cache, il menace la tête
> Et fait couler des pleurs qu'aussitôt il arrête.

La menace qui pèse sur Andromaque est placée ainsi au centre même de l'intrigue qui va se dérouler dans les scènes qui suivent ; l'intrigue ponctuée par des retours périodiques de Pyrrhus à Hermione :

> Hermione elle-même a vu plus de cent fois
> Cet amant irrité revenir sous ses lois,
> Et de ses vœux troublés lui rapportant l'hommage
> Soupirer à ses pieds moins d'amour que de rage.

On a souvent loué l'habileté et la justesse de cet exposé où se trouve tracé en filigrane l'action de toute la première moitié de la pièce — tout le mouvement de ce mécanisme à quatre personnages enchaînés les uns aux autres par des passions qui jamais ne peuvent être partagées. Et c'est dans la mise en œuvre méthodique de ce mécanisme, que l'on situe la « genèse » de la tragédie d'*Andromaque*. Genèse d'autant plus instructive, dit-on, qu'on en connaît à la fois le point de départ et le point d'aboutissement. Le point d'aboutissement, c'est l'action tragique d'*Andromaque* ; le point de départ, c'est le théâtre de l'époque de Racine, qui lui avait fourni cette chaîne miraculeuse, celle qu'on nomme aujourd'hui « la chaîne des passions fuyantes » et que les spectateurs d'alors admiraient même dans les pièces qui avaient échoué, dans le *Pertharite* de Corneille par exemple, que Racine a certainement connu et imité.

Toute cette technique remonte en dernière analyse à la pastorale. Dans la pastorale ancienne où les choses finissaient presque toujours bien, le rôle de ce procédé est d'assurer et de retarder à la fois un dénouement heureux. A l'époque moderne, il fut promu à la mode par le grand roman pastoral espagnol, la *Diane* de Montemayor. On y voyait, comme plus tard dans certaines pièces françaises du XVIIᵉ siècle, quatre personnages marchant littéralement les uns derrière les autres. « Voyez, disait l'un d'eux, Selvagie, quelle étrange brouillerie d'amour : si d'aventure Isménie allait aux champs, Alanio était derrière elle ; si Montan allait au troupeau, Isménie était derrière lui ; si j'allais à la montagne avec les brebis, *Montan* était derrière moi ; si je savais qu'Alanio était en un bois... je m'y en allais après lui. C'était la chose la plus extraordinaire du monde d'entendre comme Alanio soupirait, ' Hélas, Isménie ! ' et comme Isménie disait ' Hélas, Montan ! ' et comme Montan disait ' Hélas, Selvagie ! ' et comme la triste Selvagie disait ' Hélas, Alanio ! ' » Ici, le mouvement, vous le voyez bien, est circulaire : on est enfermé dans un cercle parfait d'amants tour à tour poursuivant et dédaignant : Selvagie aime Alanio, Alanio Ismène, Ismène Montan et Mantan Selvagie — comme si Andromaque aimait Oreste qui la dédaignât pour Hermione. Mais le principe ne varie point, que la chaîne se referme sur elle-même ou qu'elle se prolonge indéfiniment, comme dans cette pièce d'Alexandre Hardy, *Alphée ou la justice d'amour* où l'on voit défiler sept personnages inaptes à rompre leurs liens. Six d'entre eux trouvent le bonheur dans le mariage, le septième attend toujours... Et lorsque les auteurs de pièces sérieuses s'emparent enfin de cette belle mécanique, elle conserve en puissance toutes ses ressources comiques. Une des choses qui l'orientent vers le comique, c'est comme l'a récemment montré le distingué romaniste allemand, Harald Weinrich [11], l'absence de tout potentiel de réciprocité. Quand la réciprocité se trouve exclue par les données même du sujet, l'action s'infléchit fatalement dans le sens du « mécanique plaqué sur du vivant ». Réduite à son expression la plus schématique, la *mécanique* d'Andromaque pourrait être représentée ainsi, selon les trois grandes phases de l'action, les lignes brisées symbolisant les mouvements de dépit, les lignes continues les vrais sentiments de Pyrrhus et d'Hermione [12]. Le tout se ramène donc à deux mouvements : celui qui se produit à l'acte II et celui qui, à la fin de l'acte III, rétablit la situation telle qu'elle était au début. Non seulement ce jeu n'est pas nouveau ; non seulement il s'est produit, comme l'affirmait tout à l'heure Pylade, *plus de cent fois ;* mais c'est une sorte de mouvement perpétuel, puisque l'on sait qu'un Pyrrhus, repoussé par Andromaque, reviendra sans le vouloir, auprès d'Hermione, qu'il ne peut aimer, et qu'il reviendra aussitôt après à Andromaque, exactement comme un jouet mécanique revient à son point de départ. Qu'est-ce à dire sinon que toute l'ingéniosité, toute l'habileté technique de Racine n'a servi en fin de compte qu'à greffer sur les données légendaires puisées dans Virgile et dans Euridipe quelque chose qui risquait de les éloigner à jamais

---

11. « Tragische und komische Elemente in Racines *Andromaque* » in *Forschungen zur romanischen Philologie,* hsg. H. Lausberg, Heft 3, Münster, 1958.
12. Le schéma devait être à peu près comme suit :
    1. A ⟵ P H ......⟶ O
    2. A P⟵⋯⟶H O
    3. = 1.

du tragique ? L'ironie, c'est que c'est là justement que la critique situe l'éclosion de l'œuvre, la transformation de la légende en tragédie. Elle ne songe pas que ce qu'elle explique ainsi, c'est la naissance non pas du tragique d'*Andromaque*, mais de quelque chose qui a failli empêcher ce tragique d'éclore — de quelque chose qui, loin d'être l'œuvre elle-même, en est presque la négation. A force de travailler comme on suppose qu'il le fit, Racine aurait dû aboutir non pas à une tragédie mais à une comédie héroïque, et la grande question est de savoir comment il a su y échapper ; comment, en effet, a-t-il réussi à arrêter à la fois l'élan comique de l'alexandrin et le comique inhérent au mécanisme de la chaîne tant vantée des passions non partagées ?

En formulant ainsi la question je pose en fait qu'il y a *réussi*. Est-ce bien sûr ? *Andromaque*, disions-nous, avait failli devenir une comédie héroïque. Qui nous dit qu'elle ne le soit pas ? Notre esthétique simplifiée, et surtout notre parti pris de divinisation des classiques nous interdisent presque d'admettre que pareille chose soit concevable et nous font même parfois crier au sacrilège. Et pourtant — chose remarquable dont la critique officielle se garde bien de nous parler — les gens du XVIIIe siècle, je dirai même les critiques les plus avertis du XVIIIe siècle, beaucoup mieux placés que nous pour saisir les nuances de la langue de Racine, renvoyaient volontiers à la haute comédie certaines scènes du début d'*Andromaque*. Racine, disaient-ils, y avait mis certains vers qui sont *de beaux vers de comédie*, comme celui-ci par exemple, prononcé par Phœnix, le confident de Pyrrhus, à qui Pyrrhus vient de jurer qu'il ne pensera plus à Andromaque. Phœnix lui répond avec le sourire d'un homme qui en a vu d'autres :

> Commencez donc, Seigneur, à ne m'en parler plus...

Ce n'est pas seulement l'allure de vers comme celui-ci qui nous remet dans l'atmosphère si typique du théâtre héroïco-comique du XVIIe siècle, c'est la tonalité dans laquelle se situent les propos des personnages, leur comportement, leur façon de penser et jusqu'à leur manière de traiter les terribles problèmes qui leur sont posés. Ils sont tous engagés dans une lutte à mort les uns avec les autres : Pyrrhus avec Oreste, Andromaque avec Pyrrhus. Pyrrhus sort vainqueur de son duel oratoire avec Oreste en refusant de lui livrer le fils d'Andromaque que les Grecs réclament ; mais aussitôt après, Andromaque triomphe de lui : elle déjoue son stratagème en se résignant à aller voir mourir son fils :

> Hélas ! il mourra donc. Il n'a pour sa défense
> Que les pleurs de sa mère et que son innocence,
> Et peut-être après tout, en l'état où je suis,
> Sa mort avancera la fin de mes ennuis.

Cet héroïsme brutal et à peine nuancé a valu à Andromaque de passer, aux yeux de la plupart des critiques, pour une mère inhu-

maine, alors qu'en réalité ce qu'il y a d'inhumain dans ses propos c'est le langage qui lui est imposé par le cadre où elle se
meut. Le rôle d'Hermione à l'acte II où elle paraît pour la première fois, relève également de ce monde héroïque et galant
que Racine avait lui-même cultivé dans ses œuvres de jeunesse
et qui reflète si bien le goût obligé de l'époque. Amoureuse de
Pyrrhus, l'Hermione de l'acte II ne songe qu'à venger sa « gloire
offensée » :

> Quelle honte pour moi, quel triomphe pour lui
> De voir mon infortune égaler son ennui !

Son « infortune » n'est ici qu'une blessure d'amour-propre, et
l'amour-propre est bien le principal ressort de la chaîne pas-
sionnelle, puisque c'est lui qui provoque le dépit et les haines
qui en résultent. C'est précisément ainsi qu'Hermione elle-
même les explique : « C'en est trop », dit-elle,

> et quel que soit Pyrrhus,
> Hermione est sensible, Oreste a des vertus.

Et elle ajoute ce couplet qui nous plonge dans l'étonnement :

> Il sait aimer du moins, et même sans qu'on l'aime ;
> Et peut-être il saura se faire aimer lui-même.

Vers qui se placent aux antipodes de ce que seront plus tard
les vers raciniens — paroles et gestes, qui aboutissent, toujours
dans cette même tonalité héroïco-comique, à la sixième scène
de l'acte III où tout finit par rentrer enfin dans l'ordre accoutumé. On y voit deux groupes de personnages se parler : Pyrrhus et Phœnix d'un côté, Andromaque et Céphise de l'autre,
exactement comme dans la scène du dépit amoureux dans le
Bourgeois gentilhomme. Nous écoutons les propos qu'on
échange à l'intérieur de chaque groupe sans que les personnages puissent s'entendre d'un groupe à l'autre. La comédie avec
ses jeux proclame en souriant son triomphe.

Mais — chose étrange — à ce moment précis, et sans que le
rideau tombe, tout change. Juste au moment où les quatre
personnages reviennent à leur position de départ, tout se transforme, comme si la pièce n'attendait qu'une chose pour se faire
tragédie et poème à la fois : que cette ingénieuse mécanique
cessât de fonctionner. Une lumière jaillissant d'on ne sait quelle
source nous transporte loin du théâtre de l'époque et de ses
naïfs divertissements. C'est Pyrrhus qui parle :

> Mais ce n'est plus, Madame, une offre à dédaigner.
> Je vous le dis : il faut ou périr ou régner.

Il vient redire à Andromaque ce qu'il lui a déjà dit mille fois ;
et pourtant on sent brusquement dans ses paroles une puissance jusque-là inconnue. La phase du jeu s'achève ; celle du
tragique commence :

> C'est craindre, menacer et gémir trop longtemps :
> Je meurs si je vous perds, mais je meurs si j'attends.

Ecoutons cette nouvelle voix de Pyrrhus, qui ressemble si peu à celle que Racine lui avait d'abord prêtée, et nous comprendrons qu'à partir du moment où elle se fait entendre quelque chose qu'on n'avait jamais encore vu sur le théâtre nous fait oublier tout le reste, tout ce qui a été dit et fait jusque-là. Plus de va-et-vient, plus de chassés-croisés. Tout se passe comme si quelque chose, éclos en plein mouvement, s'était soudain révélé au poète au moment où ses personnages et lui-même s'y attendaient le moins. Qui saura dire d'où vient à Pyrrhus et à Hermione cette profondeur du regard qui les accule à leur sort, à Andromaque cette conscience, non pas seulement de son devoir, mais de son malheur :

> Ah ! de quel souvenir viens-tu frapper mon âme ?
> Quoi, Céphise ? j'irai voir expirer encor
> Ce fils, ma seule joie, et l'image d'Hector ?

Dans cette scène finale de l'acte III, Andromaque n'est plus ce qu'elle était au premier acte — héroïque, inhumaine, inaccessible au doute et à la douleur. Celle que nous voyons paraître à la fin de l'acte III connaît toute l'horreur de son état. Au premier acte, elle avait compris la nécessité de sacrifier son fils à la mémoire d'Hector ; ici, elle découvre autre chose : l'impossibilité d'un tel choix, et on la voit ainsi pour la première fois divisée contre elle-même, prenant conscience de la signification profonde de son malheur et retrouvant toutes les ressources du langage tragique — la ligne du chant tragique. La pièce héroïque et précieuse se fait à la fois tragédie et poème.

Au même instant, Hermione qui, on s'en souvient, avouait naguère encore à sa confidente : « Si je le hais, Cléone ? Il y va de ma gloire ! » — qui disait, comme tout le monde à l'époque, que quand on aime trop on ne peut s'empêcher de haïr, Hermione atteint, elle aussi, dans les grandes scènes de l'acte IV, une hauteur tragique encore inégalée. C'est là que se joue de manière décisive le sort de Pyrrhus et le sien. Plus de mécanisme monté pour les besoins de la cause. C'est des paroles même d'Hermione et de Pyrrhus que jaillit l'action. Lorsque Hermione s'écrie :

> Je ne t'ai point aimé, cruel ? Qu'ai-je donc fait ?
> J'ai dédaigné pour toi les vœux de tous nos princes,
> Je t'ai cherché moi-même au fond de tes provinces,
> J'y suis encor, malgré tes infidélités,
> Et malgré tous mes Grecs, honteux de mes bontés...

Lorsqu'elle lance à Pyrrhus cette apostrophe :

> Je t'aimais inconstant, qu'aurais-je fait fidèle ?

on sait le pouvoir fatal que détient chacun de ces mots — cruel, inconstant, — quel mouvement irréversible, tout intérieur, ils provoquent, quel déchirement révèle, chez Hermione, son consentement même au malheur :

> Vous ne répondez point ? Perfide, je le voi,

Tu comptes les moments que tu perds avec moi...

La vengeance désormais jurée d'Hermione résulte de ce flux et reflux poétique qui amène à son apogée sa haine de l'homme qui l'a trahie, du parjure qui rejette la dernière et la plus humiliante de ses prières. Et lorsque Hermione se retrouve seule, au début de l'acte V, on pourrait croire d'abord que ce même mouvement intérieur se prolonge encore en elle, mais un mouvement tout en saccades, brisé par des interrogations, qui l'amène d'étape en étape à mesurer les effets de sa vengeance désormais jurée :

> Où suis-je ? Qu'ai-je fait ? Que dois-je faire encore ?
> Quel transport me saisit ? Quel chagrin me dévore ?

Hermione découvre ainsi qu'en haïssant Pyrrhus, c'est sa perte à elle qu'elle prépare et que rien ne saura désormais égaler à ses yeux l'horreur d'avoir voulu cette mort :

> A *la* vouloir ? Hé quoi ? C'est donc moi qui l'ordonne ?
> Sa mort sera l'effet de l'amour d'Hermione ?

Il n'en faut pas davantage pour que s'écroule comme un château de cartes le monde de haine, d'ambition, de gloire qu'Hermione croyait avoir conquis sinon créé en prononçant l'arrêt de mort de l'« ingrat ». Comment pourra-t-elle survivre à cette découverte, cette brusque illumination qui lui révèle toute l'horreur de ses propres vœux ? Et cette découverte a lieu non pas au gré d'un événement imprévu, mais à la faveur des paroles qu'elle prononce et qui l'entraînent irrésistiblement au bord de l'abîme dont aucun stratagème dramatique ne pourra jamais la détourner. Tout comme dans la scène avec Pyrrhus, c'est à travers ses propres paroles que, dans ce monologue où elle ne s'adresse qu'à elle-même, elle reconnaît l'horreur de l'acte qu'elle vient de commettre, et seule cette reconnaissance explique et appelle la mort d'Hermione penchée sur le corps de Pyrrhus.

C'est ainsi qu'au mode oratoire et galant succède le mode tragique, sans préparation aucune, au moment même où s'arrête le mécanisme construit par le poète sur les brisées de Rotrou et de Corneille. Tout se passe comme s'il fallait que ce mécanisme s'arrêtât avant que ne s'épanouît sur la scène le poème tragique proprement dit. Tout ce qu'on a dit jusqu'ici au sujet de la genèse de l'œuvre, sur la transformation méthodique en tragédie d'une matière non tragique, n'a fait que nous cacher la vérité. L'histoire littéraire, à force de vouloir tout expliquer historiquement, a trahi la vraie histoire. La tragédie française du XVIIᵉ siècle n'évolue pas dans le sens de la tragédie d'*Andromaque*. Ce qui ne veut pas dire que Racine cherche à la désavouer, à renoncer à ses modèles français ; il les suit au contraire, jusqu'au moment où, oubliant les leçons de ses maîtres comme Hippolyte celles de Neptune, il aborde au rivage dont il soupçonnait à peine l'existence et où une technique d'em-

prunt s'efface devant ses yeux éblouis, à l'approche d'une forme
d'art brusquement révélée.

Savoir comment Racine a mis au service de telle de ses pièces
l'attirail du théâtre de son temps, n'est certes pas inutile en
soi, et même indispensable pour l'histoire du théâtre : mais
quiconque le sait, ne sait rien encore de l'action réelle qui
anime l'œuvre tragique de Racine. Valéry, que je ne me lasse-
rai jamais de citer, parle quelque part de la naissance d'un
poème comme d'un acte *invisible et retentissant*. Et s'il se
dégage de ce regard préliminaire sur *Andromaque* une conclusion de quelque portée, c'est, je crois, la nécessité de supposer,
à l'origine de tout ce qui constitue l'essence de la première
tragédie racinienne, un acte analogue : invisible et retentissant.
Cet acte que rien ne semble avoir préparé, est le fait d'un
homme et non d'un mouvement : il est le produit spontané
d'une conscience de poète, non le point d'aboutissement d'une
tradition progressivement développé. Invisible et retentissant,
il fonde dans *Andromaque*, l'univers tragique.

III

Ce qui a été dit la dernière fois n'était qu'une première prise de position, un premier état de la recherche que nous venons d'entreprendre. J'ai laissé exprès de côté certaines choses comme si elles allaient de soi ; par exemple en vous parlant du tragique qui, dans *Andromaque*, se substitue à l'héroïco-comique, je n'ai défini ni l'un ni l'autre ; j'ai parlé de la naissance de la poésie racinienne au sein même de l'œuvre, mais je n'ai pas dit en quoi ce que j'appelle poésie se distingue de ce qui ne mérite pas de s'appeler ainsi.

Autre problème : Corneille avait-il raison de dire que Racine n'avait aucun talent pour la tragédie ? Ce qui est vrai, c'est que, pour Corneille, *Alexandre* n'était pas très sérieux comme pièce de théâtre. Je pense que Corneille a dû changer d'avis en voyant *Britannicus*, il avait même dû s'y reconnaître, car *Britannicus* représentait une intrusion dans un domaine où Corneille se croyait seul destiné à régner — l'apogée du genre qui lui devait sa gloire. Mais la question que pose l'avis exprimé par Corneille n'en est pas moins importante et digne d'attention : *Andromaque* et *Phèdre*, est-ce du théâtre ? Sommes-nous au théâtre en les voyant jouer, ou simplement dans un fauteuil, confortablement installés dans une salle où l'on récite de très beaux vers ?

Ces problèmes engagent, je crois, à peu près tous les aspects importants des œuvres que nous étudions, et je suis tout particulièrement reconnaissant à ceux d'entre vous qui les ont posés à l'issue de notre dernière rencontre. Je commencerai par le premier de ces problèmes, dont l'étude nous aidera d'ailleurs à mieux définir le deuxième, plus vaste et plus général que le premier. Je reviens donc à *Andromaque* avec l'espoir de faire, pour parler comme Victor Hugo, « *un pas de plus dans ces choses profondes* ».

Andromaque pour moi est le tragique racinien dans sa première manifestation, se dégageant sans préparation aucune de ce qui n'est pas lui ; et par tragique j'entends ici un certain état du langage poétique par où se manifeste l'inéluctable de la vie. Je vous rappelle que le tragique, chez les Grecs, était le spectacle et l'émotion de la misère humaine, d'une misère créée par les conditions essentielles de la vie, par la mystérieuse violence de la destinée, par le jeu souvent ironique d'une force incompré-

hensible, divine, qui confond l'homme et l'écrase. Aristote nous
aide à mieux comprendre en quoi le tragique diffère d'une part
du pathétique et d'autre part du dramatique. Il y avait à Argos,
dit-il, la statue d'un homme qui s'appelait Mitys[13]. Un jour la
statue se détacha de son socle et dans sa chute écrasa un passant. Si c'est tout ce que nous savons de l'incident, il est pathétique. Mais imaginons ce passant luttant contre la masse qui
l'écrase, et imaginons aussi qu'il y a quelques moments d'espoir
et de crainte alternés — quelques secondes d'*incertitude* quant
au sort de l'homme. Ce sera dramatique... Figurons-nous enfin
que la victime de l'accident est le meurtrier de Mitys et que ce
n'est point par hasard, mais en raison d'un mystérieux dessein
de la providence que la statue de la victime écrase son assassin.
Voilà qui sera tragique au sens ancien, aristotélicien du terme.
Le pathétique naîtra de la souffrance et de la plainte, le dramatique résultera d'une lutte dont l'issue est incertaine, le tragique sera la manifestation dans un cas douloureux de la force
invisible qui tisse, avec le concours de l'homme, son destin. Je
dis bien avec le concours de l'homme, car il n'y a pas de tragique s'il n'existe aucun rapport entre la nature et le comportement de l'homme d'une part et son destin d'autre part ; il
n'existe pas de tragique dont l'homme ne soit en quelque sorte
complice, si minime que soit le degré de sa complicité. D'où la
célèbre théorie de la *faute tragique*. Selon Aristote[14] il faut que
le personnage tragique devienne malheureux à cause de quelque
erreur sans gravité excessive, à cause d'une erreur de jugement,
qui ne le rend pas à proprement parler *coupable* et digne d'un
châtiment grave, mais qui précipite néanmoins la catastrophe.
C'est la doctrine de la bonté médiocre du personnage tragique,
que Racine résume à la fin de la Première Préface d'*Andromaque*, où il dit qu'il faut que les personnages de tragédie « tom-
bent dans le malheur par quelque faute qui les fasse plaindre
sans les faire détester ». S'intégrant à la nature même du héros,
cette faute telle que Racine l'entendait se situe à mi-chemin
entre le crime qui mérite d'être puni et le geste (ou la parole)
inconsidéré d'un personnage égaré par la colère ou le désespoir : Racine la veut plus grave que ne la voulait Aristote, plus
étroitement liée à la vie morale du personnage qui la commet,
plus conforme à son comportement habituel. Dans sa pensée,
cette faute à moitié involontaire se substitue à l'arbitraire d'une
fortune aveugle, de sorte que les victimes porteront donc en
elles-mêmes le principe de leur malheur. C'est d'ailleurs dans
ce sens que dans son commentaire sur Aristote, Racine[15] infléchit les remarques de celui-ci concernant la faute tragique : dans
la note qu'il y ajoute il dit bien que le personnage tragique doit

---

13. *Poétique* IX. L'hypothèse : « imaginons ce passant luttant... »
vient en fait de G. Lanson, *Esquisse d'une histoire de la tragédie française*, 1927, p. 4. — N. de l'Editeur.
14. *Poétique* XIII.
15. *Principes de la tragédie...*, pp. 19-20, 47-49 ; cf. *Racine et la poésie tragique*, pp. 133 s.

tomber dans le malheur *sans le mériter,* mais *par sa faute : sa faute,* au lieu de *quelque erreur.*

L'erreur tragique doit être suivie, dans une tragédie bien construite, par la découverte de cette erreur qui amène la catastrophe. Je ne parle pour le moment que du type de tragédie qu'Aristote appelle *complexe* par opposition à simple [16], car il existe des pièces tragiques, et Racine les a beaucoup aimées, qui se passent de revirements, de brusques changements de situations, *Œdipe à Colone* par exemple, où l'action progresse à la faveur d'un développement tranquille et merveilleusement sûr du caractère principal, par une succession naturelle d'événements qui touchent au cœur le vieil Œdipe et nous attachent de plus en plus à lui. Là nulle précipitation, nul soin apparent d'un effet dramatique quelconque. C'est à propos de cette pièce qu'un historien du théâtre grec a dit que l'action, c'est-à-dire le développement du thème central, se poursuit, mais qu'« il n'est pas nécessaire... que la progression se fasse par l'action » [17], c'est-à-dire par la marche des événements. Car *action* peut vouloir dire ces deux choses, et il ne faut pas que l'ambiguïté du terme nous cache la vraie nature de l'œuvre à laquelle on l'applique.

Dans la tragédie de Racine, il existe aussi ces deux genres d'action. Il existe des personnages qui ne se laissent jamais égarer par la colère, le désespoir et la passion : Andromaque, Bérénice, Titus, Agamemnon ; il y en a d'autres qui, au contraire s'égarent d'abord, et découvrent ensuite leur erreur : Hermione, Oreste, Thésée, Phèdre. Corneille croyait que pour flatter « le goût de notre siècle » il fallait s'attacher aux types d'action où le protagoniste sait ce qu'il fait [18] ; par contre, Racine admet volontiers les deux types d'action, parfois même, comme dans *Andromaque,* à l'intérieur d'une même pièce : Andromaque et Hermione, la première représentant une action simple, la deuxième une action complexe. Dans une tragédie complexe il y a toujours deux moments auxquels l'action reste suspendue : d'abord un geste malheureux qui coûte la vie à un proche — ami, parent ou celui qu'on aime : Œdipe devenant parricide parce qu'il ignore que Laïus est son père, Thésée qui condamne son fils au supplice parce qu'il le croit coupable alors qu'il est innocent ; et puis, un deuxième moment — la découverte par le même personnage égaré de la vérité qu'il ignorait : découverte de l'identité de la victime dans le cas d'Œdipe, de l'innocence de la victime dans le cas de Thésée ; et c'est cette découverte qu'Aristote appelle reconnaissance.

Dans quelle mesure le théâtre français du XVII\ :superscript:`e` siècle autorisait-il cette conception ? Corneille croyait que le tragique tel qu'il l'entendait, et tel que selon lui, l'entendaient ses contem-

---

16. *Poétique* X.
17. H.-G. et A. Croiset, *Histoire de la littérature grecque,* 3\ :superscript:`e` éd., 1913, III, 129-30.
18. *Discours de la tragédie, Théâtre complet,* t. I, éd. G. Couton, 1971, pp. 42-43.

porains, ne pouvait s'accommoder des conditions préconisées et définies par Aristote. Pour lui un héros, un protagoniste était par définition celui qui agissait en pleine connaissance de cause, qui avançait résolument vers un destin par lui-même choisi. Donc, pas d'erreur tragique et pas de reconnaissance tragique. On agit à visage découvert, sachant ce que l'on veut [19] ; et ce n'est pas l'ignorance, mais au contraire la connaissance préalable de la nature de leurs actes qui assure aux personnages leur format héroïque et détermine le principe de leur comportement. Si le personnage découvre quelque chose, c'est la certitude d'avoir agi conformément à un certain principe une fois admis d'honneur et de gloire.

Or, dès qu'on entre dans le monde d'*Andromaque* tout change, et le plus intéressant pour nous est de voir comment ce changement se produit. Ce qui situe cette pièce historiquement, c'est précisément l'étrange dualité de son début, où l'on ne sait pas encore vers quels horizons elle va évoluer. Tout se passe comme si le poète entrevoyait de temps en temps ce tragique qui allait bientôt s'épanouir sous sa plume, et ces sortes d'éclaircies donnent à l'action dès le début une certaine couleur inaccoutumée : Andromaque disant à Pyrrhus :

> Seigneur, tant de grandeurs ne nous touchent plus guère ;

Hermione prononçant ces vers prophétiques :

> Je crains de me connaître en l'état où je suis.
> De tout ce que tu vois tâche de ne rien croire,
> Crois que je n'aime plus, vante-moi ma victoire,
> Crois que dans son dépit mon cœur est endurci,
> Hélas ! et s'il se peut, fais-le-moi croire aussi.

Oreste enfin, dont le destin est, dit-il, de venir sans cesse adorer ses attraits,

> Et de jurer toujours qu'il n'y viendra jamais,

Oreste qui connaît mieux que quiconque le sort qui l'attend, ce destin auquel il se livre en aveugle :

> Je vous entends. Tel est mon partage funeste :
> Le cœur est pour Pyrrhus, et les vœux pour Oreste,

Oreste est déjà, dans ce début de tragédie, à peu près tel qu'on le verra plus tard.

Mais voici que dès le premier acte s'affrontent deux perspectives incompatibles : l'une orientée vers un avenir qui se veut glorieux, triomphant, l'autre vers un passé à jamais révolu, vers tout ce qui est perdu. D'une part, un rêve de grandeur et de triomphe et d'autre part le refus de tout ce qui est grandeur, de tout ce qui est gloire. L'intrigue s'y installe, et le propre d'une intrigue c'est précisément de nourrir les plus grands espoirs, et

---

19. *Loc. cit.*

de les décevoir ensuite. Pyrrhus pense qu'il aura raison et des scrupules d'Andromaque et des emportements d'Hermione. Nous le verrons, en effet, courir au temple sûr de voir *en pleurs dissiper cet orage.* Ce Pyrrhus triomphant (ne serait-ce que par la pensée) n'arrive à nous émouvoir que dans le dernier appel désespéré qu'il lance à Andromaque :

> Je meurs si je vous perds, mais je meurs si j'attends.

Dans tout ce qui précède la scène où il prononce ce vers, c'est un personnage tout à fait conforme à ses nombreux modèles : brutal et précieux à la fois, s'exprimant comme tout le monde à l'époque avec ce mélange de politesse et d'insensibilité qui caractérise les rois amoureux de la scène française. Très mauvais juge des femmes d'ailleurs, puisqu'il cherche à séduire Andromaque d'abord par un appel à son ambition, puis à sa vanité de femme — deux traits de caractère qu'elle n'a pas ; et cette double méprise permet à Andromaque de déjouer son stratagème. C'est que Pyrrhus, lui, veut jouer avec le sort à chances égales ; le destin pour lui c'est l'avenir qu'il prépare lui-même.

Par contre, pour Andromaque, déjà dans ce début de tragédie, le seul temps réel est le passé, et c'est vers le passé qu'elle dirige ses regards dans la scène du premier acte où elle affronte Pyrrhus ; c'est au nom de ce passé qu'elle est prête à voir mourir son fils. Et c'est avec ce même regard fixé sur un passé irrévocable, où tout espoir reste enseveli, qu'elle revient sur la scène dans l'acte III, d'abord dans ce dialogue avec Hermione qui fait jaillir quelques accents d'une rare pureté, où se déclare toute la « féminité » d'Andromaque :

> Mais il me reste un fils. Vous saurez quelque jour.
> Madame, pour un fils jusqu'où va notre amour.

Le véritable sommet du rôle d'Andromaque se situe dans la scène finale de l'acte III, après le dernier appel qui lui adresse Pyrrhus. J'ai déjà attiré votre attention sur le changement qui se produit là dans la tonalité même de l'action ; ce langage précieux que Pyrrhus manie avec tant d'habileté, et avec si peu de succès, au premier acte, il le dépouille de tous les faux ornements du discours, il renonce à toutes les pointes précieuses qui lui étaient indispensables tout à l'heure. Dans cette même scène du troisième acte, Andromaque se dresse devant nous dans toute la majesté de sa souffrance, douée d'une vision tragique qu'elle ignorait encore au début de son rôle. Le regard toujours fixé sur le passé, elle y trouve la double image de son malheur. Elle y voit ces deux choses : d'une part la destruction de Troie livrée aux flammes, la mort d'Hector, Pyrrhus auteur d'un affreux carnage ; et d'autre part, un souvenir plus lointain, celui des adieux d'Hector, de cette voix d'outre-tombe qui lui dicte un autre devoir tout aussi impérieux, celui de laisser revivre Hector en Astyanax. Ainsi chacun de ses monologues (992-1011, 1014-38) est une évocation d'un aspect *du même passé* qui inspire le rôle d'Andromaque d'un bout à l'autre. Rien que la *facture* du premier des deux en explique et précise le caractère évocateur :

Dois-je *les* oublier... (les exploits d'*Achille*)
Dois-je oublier *Hector*...
...
Dois-je oublier *son père*...
...
Songe, songe, Céphise, à cette nuit cruelle... (*Troie*)
...
Figure-toi *Pyrrhus*...
...
Songe aux cris des vainqueurs, songe aux cris des
[mourants... (*Troie*)
...
Peins-toi dans ces horreurs Andromaque éperdue.
Voilà comme *Pyrrhus* vint s'offrir à ma vue...

Est-ce un mouvement ascendant, comme l'exige la tradition ? Je disais tout à l'heure que cette perspective tragique, Racine nous la laisse entrevoir dès le début de la pièce ; mais distinguons tout de même ; il nous la laisse entrevoir, mais encore d'assez loin. Dans la mesure où, au premier acte, Andromaque domine son malheur, dans la mesure où ses propres paroles lui en assurent la maîtrise, comment pourra-t-elle s'acheminer vers la défaite, la préparer, la reconnaître pour inévitable ?

Chose curieuse : ce caractère si simple, si limpide, si pur, a suscité des commentaires on ne peut plus contradictoires. Manzoni [20] a dit sur Andromaque des choses étonnamment fausses, et que l'on a souvent répétées après lui. Il a reproché à Andromaque à peu près tout ce que l'on peut reprocher à un personnage placé dans la situation où nous la trouvons. Andromaque, disait-il, n'aime pas son fils, ce fils est pour elle « un simple accessoire ». D'autres, surtout les critiques français, ont prétendu qu'elle n'est pas indifférente à Pyrrhus, et il n'y a guère en France d'anciens candidats au baccalauréat qui n'aient eu à commenter la fameuse formule lancée jadis par Geoffroy [21] et reprise par Nisard [22], qui s'extasiaient l'un et l'autre sur la « coquetterie » d'Andromaque. Il y a même eu, à ce sujet, au début de notre siècle une grande querelle dans la presse française, querelle qui opposait ceux qui ne voulaient pas qu'Andromaque fût coquette à ceux qui lui prêtaient sinon le désir de plaire à Pyrrhus, du moins celui de ne pas lui déplaire. Toutes ces théories ont ceci de particulier qu'elles cherchent à dégager du rôle d'Andromaque la personnalité vivante et réelle d'une certaine femme, alors que pour Racine, comme pour tout dramaturge antérieur au XVIIIe siècle, il s'agissait de tout autre

20. A. Manzoni, *Scritti filosofici e critici d'arte*, éd. G. Lesca, Florence, 1923, pp. 44-45.
21. *Cours de littérature dramatique*, 1825, t. I.
22. *Histoire de la littérature française*, 5e éd., 1874, III, 47.

chose : *caractère* voulait dire pour lui, comme pour Aristote, un thème humain, la totalité des gestes et des paroles attribués au personnage qui figure ce thème. Tout ce que dit et tout ce que fait Andromaque relève non pas d'un caractère observé et recréé, mais du thème qu'elle figure ; et ce thème est vu par Racine sous deux éclairages différents. L'Andromaque du premier acte est une Andromaque héroïque, inaccessible au doute quant à la justesse du choix qu'elle fait, héroïquement résigné à ce choix, à la nécessité de sacrifier son fils :

> Hélas ! Il mourra donc, il n'a pour sa défense
> Que les pleurs de sa mère et que son innocence.

Cette Andromaque résolue, sereine, sachant choisir entre la vie de son fils et la fidélité à son mari, plaide, certes, avec acharnement la cause de ce fils, et c'est ce qui lui a valu entre autres d'être accusée de coquetterie ; elle plaidera cette cause encore devant Hermione, à l'acte III, prête à faire tout pour sauver Astyanax sauf une chose : épouser Pyrrhus. Dans la scène 6 du même acte elle gardera cette même clarté du regard, cette même fermeté dans sa résolution :

> Non non, j'ai beau pleurer, sa mort est résolue.

Mais voici qu'elle entend la voix de Pyrrhus prononcer ces simples mots :

> Allons aux Grecs livrer le fils d'Hector,

et brusquement une nouvelle lumière se fait en elle. Chose étrange, à partir de ce moment, nous entrons dans un monde que nous avions pressenti de loin, mais qui n'est plus celui des choix humains librement consentis, des choix qui tranchent les nœuds les plus douloureux, c'est celui des destinées humaines, auxquelles l'homme collabore en les aggravant et sans jamais pouvoir les changer. A l'idée de la nécessité de choisir entre Hector et Astyanax se substitue dans l'esprit d'Andromaque celle de l'impossibilité de sacrifier l'un à l'autre, et ce, par le simple fait d'une découverte qu'Andromaque fait en elle-même, dans le secret des interrogations auxquelles, enfin, elle se soumet. C'est sa pensée et sa parole qui lui ouvrent les yeux, qui lui révèlent cette terrible vérité que, sauver Astyanax, c'est trahir la mémoire d'Hector, et que sacrifier le fils d'Hector, c'est le trahir encore. Découverte qui seule permet à Andromaque d'accéder au tragique. C'est elle-même qui découvre ainsi le sens de son malheur, et les deux grands monologues qu'elle prononce à la fin de l'acte III, tout en aboutissant à des conclusions divergentes, procèdent du même état d'âme, des mêmes pensées et des mêmes passions.

Que s'est-il produit, entre ces deux phases du rôle d'Andromaque ? Comment de l'héroïsme stoïque passe-t-elle à la découverte qui abolit en elle le mouvement vers la grandeur héroïque ? On a dit et non pas sans raison que dans ce passage du pôle héroïque au pôle tragique Racine retrouve — ou plutôt découvre — la peinture naturaliste des sentiments. « Là, a-t-on

dit, est la révolution propre à la génération de 1660. » —
« L'éthique qui découle de cette révolution est bien celle du
tragique que toute la génération de la Fronde s'était efforcé
de dominer et de vaincre. » Ainsi parle Octave Nadal dans un
article célèbre publié il y a un peu plus de 20 ans[23]. Il a peut-
être raison ; pour ma part, je crains les synthèses historiques
trop faciles. Que veut dire la « génération de 1660 » lorsqu'on
parle du théâtre ? Chez qui, sauf chez Racine, voit-on ce consentement tragique à la nature, ces profondeurs où l'héroïsme trop
simple, trop naïf se trouve dénoncée par une connaissance impitoyable de soi ?

Cette connaissance est une découverte *morale*, toute intérieure, non d'un fait, mais de la signification profonde d'un
fait déjà acquis. Et elle se fait par les moyens les plus simples,
par la revalorisation des ressources du langage. Mouvement
poétique plutôt que discursif, cette marche conduira le personnage parlant à la découverte des vérités essentielles — *d'odieuses lumières* comme les appellera un jour Thésée — par la puissance même des images et des rythmes du discours poétique.

---

23. ' L'éthique de la gloire au XVIIᵉ siècle ', *Mercure* (1037), 1ᵉʳ janv.
1950, pp. 32-33 ; cf. id., *Le sentiment de l'amour dans l'œuvre de P. Corneille*, 1948, pp. 140-41, 200-14.

IV

Hermione qui aime Pyrrhus, sans être aimée de lui, « dédaigne son inconstance » selon le mot de Pylade, espère, nous dit-il encore, voir Pyrrhus revenir auprès d'elle et la presser de reprendre son cœur. Son attitude est celle d'une femme trop fière pour s'avouer méprisée, mais résolue à reconquérir l'objet aimé.

> Elle pleure en secret le mépris de ses charmes.
> Toujours prête à partir, et demeurant toujours,
> Quelquefois elle appelle Oreste à son secours.

« Appeler Oreste à son secours », c'est vouloir le suivre par dépit, refuser Pyrrhus puisqu'il la refuse et ne plus songer à lui. C'est là un des mouvements caractéristiques du fameux mécanisme des passions non-partagées : il faut qu'Hermione, pour obéir au mouvement obligé de ce dispositif ingénieux, abandonne de temps en temps Pyrrhus, quitte ensuite à revenir à lui dans l'espoir, toujours déçu, de « fléchir sa rigueur ». Et au cours des deux premiers actes de la pièce Racine, en bon ouvrier du théâtre de son temps, prête à Hermione tous les sentiments, tous les espoirs et tous les refus qu'exige le système dramatique qu'il avait le premier introduit dans la légende d'Andromaque, système que la tragédie et l'épopée grecques n'avaient jamais connu. Ce qui est de rigueur dans ce système, c'est précisément cette possibilité constante de retour au point de départ, de reprise des positions provisoirement abandonnées, reprise qui admet et suppose même à la base un jeu de sentiments très humains, très naturels : c'est parce qu'il est exaspéré par les refus d'Andromaque que Pyrrhus revient à Hermione au milieu de l'acte II ; et c'est parce qu'elle est exaspérée par les refus de Pyrrhus qu'Hermione, au début de cet acte, revient à Oreste. Mais ces sentiments, ces accès d'humeur n'ont justement rien qui puisse s'inscrire dans le registre tragique, rien qui appelle une catastrophe, qui prépare et justifie un dénouement où l'homme se sentirait une fois pour toutes écrasé par son destin.

Dans la première scène de l'acte II où l'on voit Hermione paraître pour la première fois, on a, certes, de temps en temps, comme de vagues annonces de ce qui nous attend, des lueurs passagères que notre œil ne saisit d'ailleurs que parce que nous nous y attendons :

Ah ! laisse à ma fureur le temps de croître encore,

ou ce vers, si plein de menaces :

Je crains de me connaître en l'état où je suis.

N'empêche que l'ensemble de cette scène rejoint le modèle fixé par le théâtre de l'époque : la formule traditionnelle des scènes de dépit. On voit Hermione d'abord écoutant sa confidente qui lui rappelle qu'elle avait souvent souhaité le retour d'Oreste. Or, Oreste est là, il est l'ambassadeur des Grecs, chargé de demander à Pyrrhus la tête d'Astyanax. Si, pour plaire à Andromaque, Pyrrhus rejette cette demande, ce sera pour Hermione une preuve de plus de son indifférence, une raison de plus de venger son honneur offensé en revenant auprès d'Oreste. Pour Hermione, à cette première étape de son rôle « se venger » ne veut pas dire autre chose : ce qui est en jeu ici, ce qu'il faut qu'elle défende c'est sa gloire !

Si je le hais, Cléone ? Il y va de ma gloire.

Il y va, dirons-nous, d'une blessure d'amour propre. Oreste rappellera, fort malencontreusement, à Hermione que Pyrrhus la *dédaigne :*

Vous seule pour Pyrrhus disputez aujourd'hui,
Peut-être malgré vous, sans doute malgré lui.
Car enfin il vous hait ; son âme ailleurs éprise
N'a plus...

Hermione, touchée au vif, lui coupe la parole :

Qui vous l'a dit, Seigneur, qu'il me méprise ?

en ajoutant ce mot si cruel pour Oreste :

Peut-être d'autres yeux me sont plus favorables.

Ce qui provoque (et c'est là un exemple de cette extraordinaire maîtrise de l'ironie, chez Racine), ce qui provoque, dis-je, une réplique d'Oreste encore plus blessante pour Hermione : en repoussant le coup qu'il lui destine, elle en prépare sans le savoir, un autre, bien plus cruel encore :

Je les ai méprisés ? Ah ! qu'ils voudraient bien voir
Mon rival comme moi mépriser leur pouvoir.

Hermione, feignant l'indifférence :

Que m'importe, Seigneur, sa haine ou sa tendresse ?

Elle prétend même mépriser Pyrrhus, elle appelle sur lui le courroux des Grecs :

Allez. Après cela direz-vous que je l'aime ?

Si elle tient à rester encore en Epire, c'est, dit-elle, pour éviter la honte de *se voir refuser en faveur d'une Troyenne :* elle demande à Oreste d'aller dire à Pyrrhus que c'est la Grèce qui refuse de lui donner Hermione :

> De la part de mon père allez lui faire entendre
> Que l'ennemi des Grecs ne peut être son gendre,
> Du Troyen ou de moi faites-le décider :
> Qu'il songe qui des deux il veut rendre ou garder.
> Enfin qu'il me renvoie, ou bien qu'il vous le livre.
> *Adieu. S'il y consent, je suis prête à vous suivre.*

Admirable réussite dramatique que cette scène, qui donne à Oreste l'illusion du bonheur. Le refus de Pyrrhus de lui livrer Astyanax s'ajoutant à cette promesse d'Hermione, que peut-il souhaiter de plus ?

Et voici que Pyrhus vient lui annoncer qu'il a décidé après tout de lui livrer Astyanax ; et pour assurer encore la paix entre lui et les Grecs il annonce à Oreste qu'Hermione en sera le gage :

> Je l'épouse. Il semblait qu'un spectacle si doux
> N'attendît en ces lieux qu'un témoin tel que vous.

La voix d'Hermione éclate dans la troisième scène de l'acte suivant ; joie réprimée encore dans la scène précédente où Hermione par simple courtoisie vis-à-vis d'un amant fidèle, prétend qu'elle ne fait qu'obéir à son devoir de fiancée :

> L'amour ne règle pas le sort d'une princesse,
> La gloire d'obéir est tout ce qu'on nous laisse.

Mais joie triomphante dès qu'elle se retrouve avec sa confidente :

> Pyrrhus revient à nous ! Hé bien, chère Cléone,
> Conçois-tu les transports de l'heureuse Hermione ?

Comment l'heureuse Hermione qui parle ainsi au troisième acte de la pièce, devient-elle, à l'acte suivant, un monstre furieux que seul peut rassasier le sang de l'être aimé ? La scène du retour d'Hermione auprès d'Oreste — la scène 2 de l'acte II — avait commencé au vers 476. Par un jeu assez curieux de symétrie, c'est au vers 1173 — exactement 476 vers avant la fin de la pièce — qu'Hermione dira à Oreste qu'il faut immoler Pyrrhus. Pas plus que la scène de l'acte II, celle de l'acte IV n'a rien de spécifiquement racinien. C'est presque un lieu commun du théâtre sérieux de l'époque que de demander à un Oreste, c'est-à-dire à celui qui vous aime, de tuer un Pyrrhus, c'est-à-dire celui qui ne vous aime pas... Ce qui est remarquable ici, c'est l'usage que Racine fait de ce procédé, l'habileté du raisonnement, l'art de viser les points faibles de l'adversaire, l'extraordinaire pouvoir non pas tellement des *yeux* d'Hermione, mais de ses paroles. On arrive à la fin à un résultat qui est à la fois surprenant et parfaitement vraisemblable : on franchit un pas décisif dans l'évolution de l'action. Les arguments d'Hermione ne peuvent pas ne pas porter, son raisonnement paraît infaillible : elle met Oreste dans une situation où il n'a qu'un seul moyen de lui plaire — tuer Pyrrhus. Elle lui promet, s'il refuse, de percer le cœur de Pyrrhus, puis de laisser le même poignard se retourner contre elle :

> il me sera plus doux
> De mourir avec lui que de vivre avec vous.

Ultime menace, qui appelle, qui exige le consentement d'Oreste :

> Non, je vous priverai de ce plaisir funeste,
> Madame, il ne mourra que de la main d'Oreste.

Tout écrivain de l'époque de Racine s'en serait tenu là, aurait laissé agir Oreste sans rien ajouter à son entretien avec Hermione. Mais, vous le savez, ce n'est pas ainsi que les choses se passent dans ce quatrième acte d'*Andromaque*. Au moment même où l'on croyait le sort de Pyrrhus réglé, quelque chose se produit qui semble d'abord annuler ce résultat si péniblement acquis, cette conclusion logique et nécessaire du dialogue que nous venons d'entendre. Pyrrhus paraît, et aussitôt Hermione révoque l'arrêt de mort qu'elle vient de prononcer. Elle envoie Cléone chercher Oreste pour lui dire *qu'il ne fasse rien sans l'avoir revue*, elle, Hermione, comme si elle était brusquement revenue sur sa décision. Nous savons d'autre part qu'Oreste ne paraît plus avant la grande scène de l'acte V où il annonce à Hermione l'assassinat de Pyrrhus. Et d'ailleurs, dès le début du cinquième acte, nous savons qu'il est, de nouveau, chargé de le tuer, qu'Hermione le laisse agir.

Que s'est-il donc passé ? Si Oreste ne devait agir qu'après avoir revu Hermione, à quel moment la revoit-il ? Il faut supposer que quelque chose a dû se passer entre l'acte IV et l'acte V, qu'après la scène avec Pyrrhus Hermione a confirmé son ordre. Et si je tiens à préciser ce fait, c'est qu'il est capital pour l'intelligence de l'œuvre. Puisque l'arrêt de mort est révoqué au moment où commence la scène avec Pyrrhus, il faut que cette scène seule décide de son sort, il faut qu'elle dicte à Hermione son geste meurtrier. Comment ? Que se passe-t-il entre Pyrrhus et Hermione qui puisse justifier ce geste, l'amener, le motiver ?

Le dialogue s'ouvre sur un discours de Pyrrhus qui avoue n'avoir pu résister au « coup funeste » par lequel Andromaque, sans l'aimer, lui arrache son cœur, un discours fait pour désarmer Hermione en la suppliant de lui donner tous les noms destinés aux parjures, en feignant même de chercher auprès d'elle un châtiment bien mérité !

Mais voyez comment Racine met encore une fois au service de l'action l'art du dialogue, de la joute oratoire, où il s'agit de rendre chaque personnage parlant apte à parer les coups de l'autre. Voyez ce célèbre couplet d'ironie par lequel débute la réponse d'Hermione qui pose le thème de la perfidie voulue, de la perfidie qui est la condition même du succès de Pyrrhus auprès d'Andromaque, et voyez comment tout de suite après, et de la façon la plus naturelle, Hermione passe à un thème voisin :

> Et sans chercher ailleurs des titres empruntés
> Ne vous suffit-il pas de ceux que vous portez ?

— le thème des exploits de Pyrrhus meurtrier du vieux père d'Hector, le thème de ce Pyrrhus dont les excès de cruauté avaient indigné les Grecs mêmes ; voilà par quoi elle sait l'atteindre au vif, car s'il y a quelque chose qu'elle sait, c'est que ce sont précisément là ces « ruisseaux de sang » qui séparent à jamais Pyrrhus d'Andromaque.

Mais Pyrrhus sait aussi se défendre par la parole, et le voici sur le point de retourner contre Hermione le coup qu'elle croyait lui avoir porté. Puisqu'elle lui reproche sa cruauté, puisqu'elle le croit inhumain, puisqu'enfin elle le méprise, elle l'innocente par là-même. Je devais, dit-il (j'aurais dû, en français du xxᵉ siècle) mieux vous connaître et ne pas supposer que vous m'aimiez, que je vous trahissais :

> Il faut se croire aimé pour se croire infidèle.

Et quelle terrible, quelle froide cruauté dans ces trois vers sur lesquels s'achève ce discours :

> Nos cœurs n'étaient pas faits dépendants l'un de l'autre.
> Je suivais mon devoir, et vous cédiez au vôtre.
> Rien ne vous engageait à m'aimer en effet.

Remarquez bien comment les choses évoluent, quel extraordinaire mouvement leur imprime le raisonnement de Pyrrhus. Lui qui tire des propos d'Hermione ce qui lui paraît être une parfaite justification de sa conduite, qui croit même qu'Hermione lui a fourni l'argument qu'il cherchait pour justifier sa conduite vis-à-vis d'elle, prépare sans le savoir la riposte de l'adversaire. Rien de plus logique, en effet, que les conclusions qu'il tire des reproches qu'Hermione vient de lui adresser. Mais sans le savoir — et c'est toujours ainsi que les choses se passent dans un dialogue bien construit — il provoque un mouvement que rien désormais ne saura arrêter. Y a-t-il injure plus terrible pour Hermione que de s'entendre dire par l'homme qu'elle aime que rien ne l'engage, elle, à aimer ?

Vous vous rappelez la condition essentielle de toute composition de ce genre : il faut savoir où les personnages parlants doivent en venir. Ici, le doute n'est pas permis : il faut que le geste meurtrier d'Hermione se dégage impérieusement de cette scène, il faut qu'Hermione soit amenée à condamner Pyrrhus. Et pourtant la voici amenée non à le condamner mais à lui dire encore une fois que même au moment où il lui annonce la fin de tout espoir, elle *doute si elle ne l'aime pas.* De cet aveu, qui représente l'aboutissement logique et exclusif d'un échange serré de répliques, comment passer à la condamnation de Pyrrhus, et comment amener Hermione à sa fatale et irrévocable décision ?

C'est à l'intérieur du discours qui suit que se produit ce revirement. Pyrrhus ne parlera plus. Mais dès le premier vers d'Hermione un phénomène jusque-là inconnu s'y manifestera, qui viendra brusquement modifier le caractère et la portée des paroles qu'elle prononce.

> Je ne t'ai point aimé, cruel ? Qu'ai-je donc fait ?

Tout ce qui avait pu faire jaillir cette riposte pâlit devant l'effet de ce seul vers et le fatal pouvoir des mots qu'il contient. Placé entre la coupe médiane et l'arrêt qui le sépare de *qu'ai-je donc fait ?*, le mot *cruel* devient l'élément dominant de la phrase. Et comme pour en imiter le ton et le rythme, vient cet autre vers

> Vous ne répondez point ? Perfide, je le vois...

qui se superpose au premier comme la *perfidie* de Pyrrhus à sa *cruauté*. Péguy a déjà remarqué la force du mot *cruel* dans Racine :

> C'est là un véritable mot conducteur, motif conducteur, c'est-à-dire non pas un appareil, une applique extérieure, mais un mot, un mouvement réellement central, profondément intérieur qui revient toutes les fois qu'il est réellement nécessaire. [24]

Il y a, en effet, dans ces vers d'Hermione, un mouvement « réellement central » qui nous est transmis par des mots conducteurs, un mouvement d'ailleurs infiniment complexe, et dont on ne saurait dire s'il est déterminé, comme semble le supposer Péguy, par le caractère « profondément intérieur » du mot *cruel* ou s'il existe en fonction de la valeur incantatoire que confère aux mots les plus simples leur position dans le discours.

Entre *cruel* et *perfide* — points cardinaux du monologue — se place d'abord une série d'aveux où *parjure, ingrat* et *inconstant* alternent avec *J'ai dédaigné pour toi... Je t'ai cherché... J'attendais... Je t'aimais* :

> J'ai dédaigné pour toi les vœux de tous nos princes.
> Je t'ai cherché moi-même au fond de tes provinces ;
> J'y suis encor, malgré tes infidélités,
> Et malgré tous mes Grecs, honteux de mes bontés.
> Je leur ai commandé de cacher mon injure ;
> J'attendais en secret le retour d'un parjure ;
> J'ai cru que tôt ou tard, à ton devoir rendu,
> Tu me rapporterais un cœur qui m'était dû.
> Je t'aimais inconstant, qu'aurais-je fait fidèle ?
> Et même en ce moment où ta bouche cruelle
> Vient si tranquillement m'annoncer le trépas,
> Ingrat, je doute encor si je ne t'aime pas.

---

24. *Victor-Marie comte Hugo, Œuvres Complètes*, 1916, IV, 422 s.

Hermione pourra-t-elle résister au désir de mettre Pyrrhus à une dernière épreuve ?

> Mais, Seigneur, s'il le faut, si le ciel en colère
> Réserve à d'autres yeux la gloire de vous plaire,
> Achevez votre hymen, j'y consens ; mais du moins
> Ne forcez pas mes yeux d'en être les témoins.
> Pour la dernière fois je vous parle peut-être :
> Différez-le d'un jour ; demain vous serez maître...

Ainsi la vengeance désormais jurée d'Hermione résulte à la fois d'un développement discursif et d'un flux et reflux poétique : la haine de l'homme qui l'a trahie, du parjure qui rejette la dernière et la plus humiliante de ses prières, ne vient pas d'un simple jeu d'arguments ; c'est au contact de ses propres paroles que le cœur d'Hermione retrouve toute sa violence et achève de l'égarer. L'écho de sa voix se fait le complice de sa démesure et de sa perte.

Au moment décisif, lorsqu'Hermione passe de la tendresse à la haine, la cruauté et la perfidie de Pyrrhus prennent brusquement à ses yeux le caractère d'un crime qui appelle un châtiment immédiat. Ce *Perfide, je le vois*, il ne faut pas nécessairement l'interpréter comme une indication du comportement *réel* de Pyrrhus et il ne faut pas que Pyrrhus en l'écoutant affecte l'indifférence ou l'impatience, comme le font souvent certains comédiens. Non, ce *je le vois* se rapporte à quelque chose de plus profond, à ce qui se produit dans l'âme d'Hermione elle-même. Hermione ne peut pas ne pas voir l'abîme qui s'ouvre à ses pieds, abîme d'indifférence, de cruauté, de douleur indicible ; elle ne peut pas ne pas voir l'affreuse image de Pyrrhus portant à Andromaque la foi qu'il avait promise à Hermione.

C'est par là que s'opère la transformation du drame banal de l'amante abusée, avec son mécanisme obligé, en action *tragique*. Et remarquez que ce ne sont pas les dieux de l'Olympe qui égarent Hermione, qui obnubilent sa conscience. Elle se fait elle-même complice de son sort, c'est sur elle que les dieux se déchargent de leur pouvoir de la confondre et de l'égarer.

Et cependant il reste encore à Hermione, devenue meurtrière de Pyrrhus, de franchir l'étape finale de son rôle. C'est sa propre parole, sa propre pensée poussée jusqu'à ses limites d'horreur et de désespoir qui décide du sort de Pyrrhus.

Comment, à partir de là, Racine la conduira-t-il à la mort ? Pourquoi devra-t-elle mourir, elle, au lieu de goûter son triomphe, de savourer le fruit de sa vengeance ? Est-ce simplement parce qu'elle vient de faire assassiner l'homme qu'elle aimait ? Mais cet homme était un perfide, un traître, qu'elle haïssait autant qu'elle l'avait aimé. Et ne voit-on pas qu'en tout état de cause, les circonstances d'un tel drame ne doivent pas nécessairement empêcher un être humain de transiger avec le sort, de « se faire une raison » comme on dit, pour continuer de vivre ? Et d'ailleurs, lorsque, dans les pièces de théâtre de l'époque de

Racine les amantes se vengeaient des ingrats et les faisaient périr, ou bien elles leur survivaient, ou bien elles se donnaient la mort sans jamais convaincre le spectateur qu'elles devaient nécessairement se la donner : jamais le suicide de l'héroïne sur le corps d'un amant immolé par elle ne paraissait inéluctable ou même nécessaire. Pourquoi alors, dans le cas d'Hermione, a-t-on le sentiment d'assister à un déroulement fatal, je dirais même naturel, des choses ; pourquoi devant le dénouement qui occupe tout le cinquième acte se voit-on réduit au silence comme devant quelque chose qui ne pouvait ne pas arriver ?

Pour le comprendre il faut écouter attentivement deux textes, celui du grand monologue de la première scène du cinquième acte, et celui qu'Hermione adresse à Oreste dans la scène 3, quelques instants seulement avant son suicide. L'un et l'autre sont des monologues de *reconnaissance,* c'est-à-dire de la découverte d'une vérité que l'égarement avait d'abord cachée aux yeux du personnage parlant. Aristote disait que pour qu'une reconnaissance se produise, il faut que le héros commette un acte meurtrier sans connaître sa victime, et qu'il la reconnaisse ensuite. *Œdipe Roi* appartient à ce genre de fable, le meilleur de tous, selon Aristote.[25] Racine modifie sensiblement cette formule, non seulement dans son œuvre de poète tragique, mais aussi dans ses notes sur le texte d'Aristote. Là où Aristote prévoyait la découverte de l'identité de la victime, c'est-à-dire d'un fait purement *matériel,* Racine[26] préconise autre chose : il faut, dit-il, que celui qui commet quelque action horrible, reconnaisse *l'horreur de son action.* L'horreur de son action, c'est la nature de l'acte, sa signification, sa portée. Hermione connaît l'identité de sa victime ; mais ce qui lui reste à découvrir, c'est la signification profonde de son assassinat qu'elle avait elle-même préparé. Aucune méprise sur les données matérielles de la situation : ce qu'il s'agit désormais pour Hermione de trouver et de comprendre, c'est quelque chose que seules les odieuses lumières de la parole et de la pensée peuvent lui permettre de regarder en face.

> Où suis-je ? Qu'ai-je fait ? Que dois-je faire encore ?
> Quel transport me saisit ? Quel chagrin me dévore ?
> Errante et sans dessein je cours dans ce palais.
> Ah ! ne puis-je savoir si j'aime ou si je hais ?

A cette question si précise et qui résume tout son rôle, jamais elle ne saura répondre. Elle ne saura que la poser et en faire comprendre, avec une logique écrasante, toute la portée. Son grand monologue du cinquième acte n'aboutit à aucune décision : il ne fait que projeter une lumière aveuglante sur tous

---

25. *Poétique* XIV. — C'est ainsi du moins que Racine (*Principes,* p. 25) avait compris ce passage, qui paraît donner finalement la préférence au cas où la reconnaissance se fait assez tôt pour que le meurtrier se ravise. — N. de l'Editeur.

26. *Principes,* pp. 50-51.

les replis cachés de son âme. Après avoir accumulé les preuves de la cruauté de Pyrrhus, dont chacune suffirait à le condamner, Hermione savoure un instant sa vengeance :

> Qu'il meure, puisqu'enfin il a dû le prévoir,
> Et puisqu'il m'a forcée enfin à le vouloir.

C'est son dernier cri de triomphe. Et c'est ce cri de triomphe qui la tue, car elle vient de prononcer un mot fatal, un mot qui transforme aussitôt sa victoire en défaite : le mot *vouloir*. Aussitôt que ce mot tombe de ses lèvres, on devine toutes les forces de destruction qu'il va mettre en jeu. Hermione le reprend, le répète, en ressent, en s'interrogeant, toute l'horreur :

> A le vouloir ? Hé quoi ? C'est donc moi qui l'ordonne ?
> Sa mort sera l'effet de l'amour d'Hermione ?

Il n'en faudra pas davantage pour que s'effondre l'acte d'accusation qu'elle vient de dresser contre Pyrrhus, et que cet acte même se retourne tout entier contre elle, l'acculant sans appel à son sort. Mais il faut voir comment cette brusque illumination, cet éclairement soudain de l'âme est amené ; il vient à la suite de deux syllogismes parallèles, dont il se dégage de la façon la plus naturelle et la plus logique : deux mouvements, dont le premier décrit l'indifférence de Pyrrhus, et le deuxième sa perfidie. Le premier mouvement aboutit comme le deuxième à son arrêt de mort :

> Qu'il périsse !

Car la *cruelle* indifférence de Pyrrhus mérite la mort. Oui, sa *cruelle* indifférence ; c'est ici l'écho, vous ne manquerez pas de le relever vous-mêmes, du grand monologue de l'acte précédent, axé, lui aussi sur les deux crimes de Pyrrhus : sa cruauté et sa perfidie. Mais il faut que ces deux thèmes soient repris dans le même ordre, qui est évidemment l'ordre ascendant. La perfidie de Pyrrhus, à la fin de l'acte IV, une fois rendue sensible à Hermione par elle-même, appelle et justifie à ses yeux sa vengeance. Dans le monologue de l'acte V cette même perfidie assure d'abord pour elle son triomphe, qui en est la conséquence nécessaire : *Qu'il meure ! Puisqu'enfin il a dû le prévoir*. Mais cette même logique, ce même mouvement irrésistible de la parole et de la pensée lui fait dire encore ce qui semble à partir de là l'évidence même : *Et puisqu'il m'a forcée enfin à le vouloir*. Mot fatal, d'une justesse étonnante, et qui décide du sort d'Hermione, comme son discours de l'acte IV avait décidé de celui de Pyrrhus. Ce mot lui apprend que c'est elle qui a *voulu* la mort de Pyrrhus et que ce vœu une fois comblé, seule la mort pourra en effacer l'horreur.

J'ai dit qu'il fallait encore, pour bien comprendre le dénouement, écouter une autre scène, celle où Oreste vient annoncer à Hermione qu'il a exécuté son ordre et que Pyrrhus est mort. Hermione se dresse contre lui. Scène célèbre, où l'on a voulu voir un bel exemple d'observation réaliste, une situation psy-

chologiquement vraie, dit-on, où la femme punit l'homme qui
lui avait obéi et pour lui avoir obéi. D'autres, surtout les historiens pour qui l'œuvre n'existe qu'en fonction de ses origines, y
voient un de ces furieux échanges de coups mortels où se délec-
tait le public du XVIIᵉ siècle. Car le cas Hermione avait été porté
à la scène au moins deux fois avant Racine — par Quinault et
par Boyer. Même vengeance ou tentative de vengeance, mêmes
regrets désespérés, même colère contre celui qui s'était chargé
de venger l'amante jalouse. Au risque de faire frémir ceux qui
sont sensibles à la musique de l'alexandrin racinien, voici quelques échantillons d'alexandrins non raciniens. L'Amalfrède de
Quinault qui avait chargé Clodésile d'assassiner l'ingrat reçoit
la nouvelle de sa mort par cette apostrophe :

> Quoi, ses beaux jours aux miens par l'amour enchaînés
> Par ta rage barbare ont été terminés ? [27]

Et dans une pièce intitulée *Mort de Démétrius* une héroïne
de Boyer annoncera plus précisément encore les propos
d'Hermione :

> Cruel, mon repentir a prévenu ta main.
> Et si ma jalousie en forma le dessein,
> Barbare, as-tu bien cru qu'un amour en colère
> Aux dépens de mon cœur se voulût satisfaire ? [28]

La fureur d'Hermione comme celle des héroïnes de Quinault
et de Boyer semble viser son vengeur. Et je n'ai guère besoin
de citer les plus célèbres de tous les vers d'*Andromaque*, ceux
qu'Hermione prononce en apprenant la mort de Pyrrhus :

> Va faire chez tes Grecs admirer ta fureur,
> Va, je la désavoue, et tu me fais horreur.
> Barbare, qu'as tu fait ? Avec quelle furie
> As-tu tranché le cours d'une si belle vie ?

Et puis, cette conclusion :

> Mais parle : de son sort qui t'a rendu l'arbitre ?
> Pourquoi l'assassiner ? Qu'a-t-il fait ? A quel titre ?
> Qui te l'a dit ?

André Rousseaux disait à propos d'Hermione quelque chose à
quoi on n'a pas suffisamment fait attention. « On ne peut vraiment pas dire, disait-il, qu'Hermione, à partir d'un certain
moment, dialogue soit avec Pyrrhus, soit avec Oreste. Son
fameux *Qui te l'a dit ?*, s'il s'adressait vraiment à Oreste, serait
absurde. » [29] Et en effet, chaque mot, dans le discours final
d'Hermione a une portée double : il ne vise pas seulement Oreste,
il vise Hermione elle-même. C'est son sang qui crie à la pensée
de s'être rendue l'arbitre du sort de Pyrrhus, c'est elle qui se

---

27. *Amalasonte* (1658), III, 4.
28. V 3 (1660).
29. *Le monde classique*, I, 1941, p. 85.

reconnaît dans la fureur et la barbarie dont elle semble accuser Oreste, et c'est ce qui la distingue de toutes les héroïnes passionnées et féroces qui l'ont précédée. Ses paroles cherchent leur proie en elle-même : à chaque instant, dans son esprit, la conscience de ce qu'elle a voulu se heurte à son refus d'y croire. D'où l'impitoyable lumière qui, à cet instant même, révèle aux yeux d'Hermione toute l'horreur de ses vœux accomplis. Eclair qui tranche brusquement et irrévocablement son destin.

On l'a souvent dit : la gloire de l'homme est d'avoir cessé de montrer parce qu'il a appris à dire. Et je reprends ici ce que je crois vous avoir déjà suggéré plusieurs fois. C'est que l'art de dire est plus difficile que l'art de montrer. On sait les risques qu'il court de froideur et d'abstraction ; et l'on sait aussi que rien n'a plus fait pour éloigner de Racine les esprits sommaires et prévenus, que ce crédit qu'il fait au langage. En toute circonstance, sans jamais l'avouer, il semble préférer à l'action le discours : il aime mieux dire l'action que la montrer. Et c'est bien ce que lui reprochent souvent les critiques mal avertis. Ses défenseurs invoquent des circonstances atténuantes : la rigidité des règles, la nécessité de mettre en paroles tout ce qui, sur la scène classique, ne pouvait se passer en action. Racine, dit-on, s'est plié aux règles, et c'est par respect pour les règles qu'il a remplacé par un récit et le banquet où meurt Britannicus, et la mort de Bajazet, et le suicide sacré d'Eriphile, et la mort d'Hippolyte, en un mot tout ce qui prête au spectacle, au geste, au tableau. Ce système de défense pèche par la base, car il suppose chez Racine un désir réprimé du pittoresque et le regret d'y avoir renoncé. Cependant, jamais écrivain ne fut plus libre dans le choix de ses moyens, et si de toutes les formes de théâtre qui se disputaient la scène française, il a choisi la plus rigide et la moins romanesque, c'est qu'il y voyait un immense avantage sur les autres. Il voulait que tout ce qui était matériel sur la scène, tout ce qui était gesticulation, mouvements, meurtres, larmes, se réduisît à son expression la plus parfaite : le discours poétique. Ce n'était pas de sa part une concession ni une faiblesse ; c'était le moyen le plus efficace d'extraire de chaque malheur sa substance tragique, d'acculer les victimes à un sort inexorable, de leur faire prononcer leur arrêt de mort.

Déjà bien avant lui l'art de discourir avait remplacé sur la scène française dite classique l'ancienne technique du jeu de scène. Personne ne contestait à cet art le privilège d'être l'unique arme de combat dont pût légitimement disposer le protagoniste d'une tragédie ou d'une comédie régulière. Et c'est grâce sans doute à ce privilège qu'il avait acquis dans le théâtre de l'époque tant de force et d'éclat. C'est lui surtout qui nous éblouit dans les vers de Corneille où il assure infailliblement au personnage agissant la victoire et le salut. Fidèle disciple de ses aînés, Racine armera à son tour ses personnages d'une parole souverainement puissante, mais qui leur servira non à se justifier, mais à s'anéantir, à se priver de toute lueur d'espoir. Et chaque fois qu'il lui faudra couper tous les ponts derrière eux, Racine n'aura qu'à faire appel à leur raison, à la clarté de leur jugement, à leur pouvoir de dire des choses indicibles. Dès lors, conformément au principe même de toute action tragique, ils deviendront comme Hermione les agents de leur propre destruction, ils créeront eux-mêmes leur malheur.

Mais pourquoi faudra-t-il qu'ils agissent ainsi ? On connaît la célèbre formule de Montaigne qui remonte d'ailleurs beaucoup plus haut, et pour laquelle il invoque même l'autorité de l'Ecclésiaste : « Ou la raison se moque, dit-il, ou elle ne doit viser qu'à notre contentement, et tout son travail tendre en somme à nous faire bien vivre, et à notre aise, comme dit la Sainte Ecriture. Toutes les opinions du monde en sont là, que le plaisir est notre but, quoiqu'elles en prennent divers moyens ; autrement on les chasserait d'arrivée car qui écouterait celui qui pour sa fin établirait notre peine ? » [30]

Pourquoi, en effet, écouterait-on celui qui, ne pouvant profiter de l'économie civilisée, « établirait notre peine » ? Montaigne a raison : dans la mesure où le plaisir est notre but, à quoi nous servent la contemplation et l'intelligence des malheurs illustres ? Et ne serait-il pas prudent, comme il dit, de les chasser « d'arrivée » ?

C'est ce que l'immense majorité des hommes a fait de tout temps, soutenue et consolée par la poésie, la morale et la religion. Mais il arrive qu'une existence humaine échappe à toutes les formes prévues du bonheur, qu'elle se trouve condamnée à un élan perpétuel vers la destruction. De telles destinées — les seules qui méritent l'épithète de « tragiques » — ne peuvent trouver leur expression qu'au gré de certaines rencontres exceptionnelles comme celle du génie poétique avec le sens du tragique hérité de l'antiquité. C'est à une telle rencontre que nous assistons dans le théâtre de Racine, dans ce théâtre où la révélation du tragique se fait sans le secours des images terrifiantes et des déesses descendues de l'Olympe, réduite à l'état pur d'acte des Muses.

---

30. *Essais*, I, 20 ; éd. Pléiade, 1958, p. 104.

V

Le problème que je voudrais aborder ici est un problème ter-
rifiant, et qui risque de semer la panique parmi les esprits les
moins prévenus : le problème du temps. Quelqu'un — était-ce
Byron ou un autre poète anglais ? — a même proposé cette formule : le temps pour un philosophe est comme les femmes pour
certains hommes qui ne peuvent vivre ni sans elles ni avec
elles. Aussi m'en voudrais-je de traiter cette question en philosophe. Elle m'intéresse surtout dans la mesure où elle nous
permet de situer Racine vis-à-vis du théâtre de son temps, et
c'est là, comme vous avez pu le constater, un des thèmes domi-
nants de nos entretiens.

Et vous avez pu constater également qu'il y a une doctrine,
très répandue dans notre enseignement, contre laquelle je
m'inscris constamment en faux : c'est la doctrine selon laquelle
les choses évoluent en littérature progressivement — qu'en littérature comme dans le monde végétal des fruits, même lorsqu'ils passent la promesse des fleurs, n'en sont pas moins les
produits naturels, prévisibles et même nécessaires ; la doctrine
qui affirme que la France pendant près d'un demi-siècle avait
préparé l'avènement de la tragédie racinienne. Ainsi, la question de l'unité de temps a toujours été traitée par les historiens et les critiques comme si, sur ce point du moins, l'accord
entre Racine et son siècle était parfait. Cette doctrine, nous dit-
on, semble avoir été faite pour Racine, elle semble créer entre
le poète et la tradition qui l'a précédé un lien indestructible.
Puisque la tragédie de Racine, étant une crise, n'exige qu'une
courte durée, l'unité de temps est inhérente à sa constitution
même ; c'est là, vous le savez, un des lieux communs de notre
enseignement littéraire à tous les niveaux. Nous avons tous
appris à dire que la règle de l'unité de temps gênait Corneille
dans la mesure où elle l'obligeait à simplifier l'intrigue, à en
sacrifier les développements qui risquaient de la prolonger au-
delà d'un seul tour de soleil. Par contre, Racine ne trouvait,
dit-on, aucune difficulté à resserrer l'action dans les limites
que lui imposait cette unique journée. En effet, ces limites lui
conviennent si bien que si la doctrine des vingt-quatre heures
n'existait pas à son époque, il l'aurait sans doute pratiquée
quand même, comme l'avait pratiquée les grands poètes tra-

giques grecs à l'époque où Aristote était encore trop jeune pour
leur formuler les lois du théâtre.

Ici cependant une distinction s'impose qui me paraît capitale : la distinction entre la règle et le principe esthétique ou
philosophique qui l'a dictée. Lorsque, juste après *Le Cid*, c'est-
à-dire dans le deuxième quart du siècle, les règles importées
d'Italie s'imposèrent en France dans toute leur rigueur,
comment les théoriciens et les praticiens du théâtre les justi-
fiaient-ils ? Ils les justifiaient au nom de la *vraisemblance*, et
la vraisemblance telle qu'on l'entendait à l'époque était tout
simplement la conformité avec le réel : l'action à représenter
sur la scène, et le spectacle lui-même, devaient avoir la même
durée.

Réfléchissons un peu à cette équation des deux durées que
le spectateur est appelé à éprouver simultanément lorsqu'il
observe le déroulement sur la scène d'une action qui en imite
une autre, et nous verrons que toute une philosophie du théâtre y est engagée, philosophie dont il convient de ne pas méses-
timer les conséquences. Et au lieu de nous perdre dans des
abstractions, demandons-nous, en nous appuyant sur des exemples précis, à quelle préoccupation esthétique répondait cette
équation, à quelle exigence profonde devait-elle satisfaire, chez
les contemporains de Corneille. Je me permettrai d'abord de
vous soumettre quelques précieux documents : cinq gravures
que j'ai trouvées dans la première édition d'une pièce de Des-
maretz de Saint-Sorlin intitulée *Mirame* et jouée le 14 janvier
1641 devant Richelieu et toute la cour. Nous savons par un
compte-rendu de l'époque, qu'en voyant cette pièce jouée pour
la première fois le public ne manqua pas d'y apprécier un
curieux raffinement de mise en scène : un jeu de lumière mon-
trait le passage du jour à la nuit et de la nuit au jour suivant.
En relatant les merveilles de ce spectacle la *Gazette* précisait
que « la nuit semblait arriver par l'obscurcissement imperceptible tant du jardin que de la mer et du ciel, qui se trouvait
éclairé par la lune. A cette nuit succédait le jour qui venait avec
l'aurore et le soleil qui faisait son tour ».

Les cinq images, placées en hors-texte devant chaque acte
figurent ces changements d'éclairage. Au premier acte, il fait
grand jour. On ne saurait préciser l'heure, mais le ciel en tout
cas est clair, lumineux. On est, semble-t-il, au début de l'après-
midi. L'acte II se passe dans la nuit, sous un ciel sombre ; à y
regarder de très près, on y distinguerait la lune avec un visage
humain. Le hors-texte de l'acte III représente juste au-dessus de
la ligne de l'horizon, le soleil levant entouré de rayons. C'est la
deuxième demi-journée qui commence. A l'acte IV il fait jour,
bien que des ombres subsistent encore çà et là dans le ciel.
Enfin à l'acte V c'est de nouveau le grand jour ; on ne voit plus
que des ombres légères dans le haut du tableau. Le tout représente, on le voit, « une seule révolution du soleil », et chaque
acte occupe dans cette révolution une place précise, bien défi-
nie, par rapport à ce qui le précède et à ce qui le suit.

C'est là peut-être un des plus éloquents témoignages du pres-

tige dont jouissait l'unité de temps à l'époque où Corneille faisait jouer *Horace* et *Cinna*. Je vous rappelle que le règne de
cette unité s'affirme déjà dans la troisième décennie du siècle.
Théophile de Viau dans son *Pyrame et Thisbé* écrit et joué entre
1621 et 1623 marque les différents moments du temps par des
allusions très nettes dans le texte. Jean Mairet dans *Silvanire*
(1629) et dans *Sophonisbe* (1634) n'est pas moins explicite. Il
n'est pas jusqu'à l'*Horace* de Corneille où l'on ne retrouve cette
insistance. La mise en scène de *Mirame* que nous venons de
voir ne fait que traduire visuellement ces rappels constants de
l'heure que Théophile de Viau, Mairet et Corneille mettaient
avec le même souci d'exactitude dans la bouche de leurs
personnages.

Et ce sont précisément ces rappels verbaux ou visuels qui
nous permettent de discerner, par-delà le procédé obligé et le
désir de rester « dans les règles », un principe positif de composition dramatique qui engage toute l'esthétique du théâtre de
l'époque. « Ne pas dépasser une certaine durée », c'est la formule par laquelle se définit négativement l'unité de temps ;
ce que nous voyons maintenant, c'est autre chose : c'est la
contre-partie positive de cette même formule, l'idée de temps
scénique, mesurable et strictement mesuré, la conviction profonde que les heures doivent se succéder sur la scène au même
rythme que dans la salle ou, si l'on veut, dans la vie. Voilà
pourquoi, comme on l'a souvent dit, les acteurs semblent se
présenter devant nous montre en main. Dans un passage qui
mériterait d'être mieux connu de son livre intitulé *De la connaissance des bons livres*, Charles Sorel demandera (30 ans après
l'*Horace* de Corneille) pourquoi on n'avait pas simplement mis
« un cadran au théâtre pour y marquer les heures les unes après
les autres, afin de faire mieux voir aux spectateurs que la pièce
était dans les vingt-quatre heures ». Oui, pourquoi ? Vous devi-
nez comment nous pourrions répondre à cette question : on
n'avait pas mis de cadran au théâtre parce qu'il eût été de
trop : la conscience du temps réel y suppléait largement. Cette
conscience du temps réel était à ce point développée chez les
spectateurs épris de ce qu'ils appelaient la vraisemblance que
les auteurs finirent par cesser de recourir à l'artifice du rappel
constant du temps qui passe : ils savaient que même sans y
être invité, le spectateur sentirait le temps s'écouler et saurait
le mesurer selon un mécanisme d'horlogerie bien réglé. L'unité
de temps, aux yeux des spectateurs, des écrivains et des théoriciens de l'époque ne voulait pas dire autre chose. Elle signifiait que le rythme de la pièce devait être celui du geste humain,
de la démarche humaine, un rythme dicté depuis le début et
jusqu'à la fin de la représentation par la volonté d'accorder le
temps fictif au temps réel, autrement dit de supprimer le
temps fictif en faveur du temps réel.

Ce qu'il faut arriver à dire, c'est que c'est là tout le contraire
de la durée « indéterminée, abstraite » que la critique se plaît
parfois à prêter aux écrivains du XVIIᵉ siècle pour pouvoir plus
aisément placer Racine parmi eux. Une phrase de Corneille que

j'emprunte à son *Discours des trois unités* tranche la question.
« Ne donnons s'il se peut, dit-il, à l'une [c'est-à-dire à l'action]
que les deux heures que l'autre [la représentation] rem-
plit. » Et dans le même traité, Corneille déclare qu'il est inutile
de rappeler à chaque instant au spectateur l'heure qui passe.
Si, après avoir lui-même abusé de ce procédé trop naïf, il le
déclare inutile, s'il demande même aux poètes de ne plus indiquer « le temps que la durée emporte », c'est qu'il est convaincu
qu'on peut désormais sur ce point faire confiance au public.
« Je voudrais, ajoute-t-il, laisser cette durée à l'imagination des
auditeurs. » Imagination a pour lui un sens voisin de celui
qu'il aura encore pour Voltaire. D'après le *Dictionnaire philoso-*
phique, ce terme désigne « le pouvoir de se représenter dans
son cerveau les choses sensibles », et c'est trahir la pensée de
Corneille que de lui attribuer, comme on le fait souvent, l'idée
d'une durée qui « échappe à la réalité », d'« un jour de fantaisie ». Fidèle en cela à la doctrine et à la pratique du temps,
jamais dans aucun de ses écrits Corneille n'a cherché à substituer au « temps que la durée emporte » un temps « irréel ».

Rien n'est plus révélateur du principe sur lequel repose cette
doctrine et cette pratique que les diverses tentatives des théoriciens et des dramaturges de l'époque pour résoudre le grand
problème du « temps à perdre ». Lorsque l'action dure vingt-
quatre heures et que la représentation n'en demande que trois
au maximum, que fera-t-on du reste ? Chapelain, s'inspirant du
traité de Piccolomini, estime que les entr'actes « où le théâtre
se rend vide d'acteurs et où l'auditoire est entretenu de musique ou d'intermèdes » devraient suffire à absorber ce surplus :
les entr'actes doivent, dit-il, « tenir lieu du temps que l'on se
peut imaginer à rabattre sur les vingt-quatre heures ». [31]

> Je voudrais que, pour mettre les choses dans leur justesse,
> ce raccourcissement se ménageât dans les intervalles des
> actes, et que le temps qu'il faut perdre s'y perdît en sorte
> que chaque acte n'en eût, pour la partie de l'action qu'il
> représente, que ce qu'il en faut pour la représentation.

« Il est permis, dira, en 1702, l'abbé Morvan de Bellegarde, de
précipiter le temps dans les intervalles des actes, c'est-à-dire
dans cette partie de l'action qui se passe derrière le théâtre. » [32]
Solution qui s'inspire d'un principe plus général, celui de la
vraisemblance *limitée au spectacle :* comme les événements qui
précèdent l'action, ceux qui se passent « dans les intervalles
des actes » peuvent rompre avec la vraisemblance sans pour
cela enfreindre les règles. Ce n'est qu'au spectacle proprement
dit que l'on refuse le bénéfice du temps fictif.

De là vient que tout événement qui se produit « derrière le
théâtre » pendant que la pièce se joue et que les acteurs sont
devant nous, doit avoir une durée à peu près égale à celle du
jeu de scène : la vraisemblance telle qu'on l'entend est à ce

---

31. *Opuscules critiques*, éd. Hunter, 1936, p. 122.
32. *Lettres curieuses de littérature et de la morale*, 1702, pp. 326-27.

prix. Les exceptions apparentes ne font que confirmer la règle. Ainsi, dans l'*Amalasonte* de Quinault, Amalfrède charge son frère Clodésile de tuer l'ingrat Théodat, amant, comme lui, d'Amalasonte (Acte III, scène 1). Clodésile sort. Théodat et Arsamon (ami de Clodésile et amant d'Amalfrède) traversent la scène, se dirigeant vers l'appartement de la reine. Amalfrède leur propose de les y conduire, mais Théodat préfère y aller sans témoins. Restée seule avec sa suivante Ulcide, Amalfrède lui confie ses craintes et ses espoirs :

> Il va seul chez la reine. Ah ! je perds tout espoir.
> Elle doit le haïr, mais elle doit le voir,
> Et je ne sais que trop par mon expérience,
> Que le voir et l'aimer ont peu de différence.
> Quand je songe quel trouble et quel ravissement
> Cet espoir a fait naître au cœur de cet amant,
> Et combien pour la reine il a l'âme attendrie,
> Tout ce que j'eus d'amour se transforme en furie ;
> Et je ressens déjà que mon cœur à son tour
> A bien plus de fureur qu'il n'eut jamais d'amour.
> Oui, j'abhorre l'ingrat, et j'en suis dégagée.
> Je n'y songerai plus que pour m'en voir vengée.
> Sa perte est maintenant mon unique désir,
> Je sens que je verrais sa mort avec plaisir,
> Et si d'un coup mortel... Mais j'aperçois mon frère.

Clodésile revient. Théodat, dit-il, est mort « par un noble attentat » :

> Sur ce petit degré qui mène au cabinet,
> Sans lumière et sans bruit cela vient d'être fait.
> Arsamon, prétextant un ordre de la reine,
> De mon rival trop vain s'est fait suivre sans peine,
> Et l'ayant fait passer par l'endroit indiqué,
> L'a mis entre mes mains, qui ne l'ont point manqué.

On apprendra plus tard que Clodésile a été dupe de son propre stratagème : c'est Arsamon qu'il a tué et non Théodat, Arsamon dont la « feinte chute » dans l'escalier devait lui servir de signal pour frapper son rival. « Pour attaquer ma vie, dit Théodat,

>   Il m'avait fait attendre
> Dans un passage obscur qu'il m'a d'abord fait prendre.
> Sa chute était sans doute un signal concerté.
> Mais, tombant par hasard dans ce lieu sans clarté,
> Un assassin, trompé par son propre artifice,
> Au lieu de me frapper, a frappé son complice.

Ainsi Arsamon a « fait attendre » Théodat « dans un passage obscur », a simulé une chute, Théodat s'est précipité vers lui, Clodésile s'est jeté sur Arsamon et, le prenant pour Théodat, l'a poignardé, et tout cela s'est passé dans l'espace de temps qu'il a fallu à Amalfrède pour prononcer les vers qui séparent la sortie de Théodat du retour de Clodésile : quinze vers en tout, c'est-à-dire à peine une minute ! On a presque envie d'ajouter foi aux dires de Clodésile qui plaide un alibi :

> J'étais près de ma sœur en ce temps occupé.

Il était, en effet, occupé près de sa sœur au moins une partie du temps qu'il fallait pour commettre le crime qu'on lui impute. Le spectateur ne peut s'empêcher d'être partagé, comme dans un drame de cape et d'épée, entre l'étonnement et la certitude : il sait ce qui s'est passé et il s'en étonne pourtant, vu la rapidité avec laquelle l'aventure s'est écoulée. L'intérêt reste suspendu *à la mesure du temps*, à la conscience des possibilités que peut offrir une durée donnée.

Or, c'est précisément sur ce point que Racine se sépare des écrivains de son époque. Tout en acceptant comme eux la réduction de la durée de l'action à un jour unique, il arrive presque à en abolir le principe déterminant. Jamais il ne mesure les divers moments de cette durée ; et jamais il ne songe à se poser le problème du « temps à perdre ». Il suffit, pour le situer vis-à-vis de Corneille et de Quinault, de dire : ce n'est pas pour lui, c'est pour eux que la durée de chaque scène de tragédie représente une tranche de temps précise, égale à la durée vécue par le spectateur. On ne saurait en effet écouter *Britannicus* et *Phèdre* comme on écoute *Horace* et *Amalasonte*, c'est-à-dire en demeurant conscient du temps qui passe. Au vers 1572 Britannicus sort en disant à Agrippine :

> Dès que je le pourrai, je reviens sur vos traces,
> Madame ; et de vos soins j'irai vous rendre grâces.

La scène qui suit dure à peu près deux minutes — le temps qu'il faut pour prononcer les 36 vers qui aboutissent aux exclamations d'Agrippine (vers 1609) :

> Mais qu'est-ce que j'entends ? Quel tumulte confus ?
> Que peut-on faire ?

Burrhus accourt pour annoncer la mort de Britannicus et raconter la scène du banquet. Son récit fait état de deux discours, prononcés l'un par Néron, l'autre par Britannicus, du désarroi où la mort subite du jeune prince jette la cour, du « mystère » de Narcisse, paraissant impassible d'abord et laissant paraître ensuite sa « perfide joie ». Tout cela en deux minutes ? A ne considérer que la durée qu'exige cette scène, le dénouement de Britannicus devrait paraître encore plus absurdement rapide que le meurtre d'Arsamon dans *Amalasonte*. Jamais pourtant il n'a été critiqué comme une atteinte à la vraisemblance. Et la question se pose de savoir si invraisemblance il y a, puisque après tout, l'invraisemblable est ce qui *semble* contraire à la vérité. Si le poète nous y rend insensibles, ne nous fournit-il pas par-là même la preuve que rien d'invraisemblable ne s'est passé ?

On pourrait en dire autant au sujet du dernier acte de *Phèdre*. Dans les pièces de Bidar et de Gilbert sur le même sujet,

Hippolyte ne paraît plus après l'acte IV. Chez Racine, son rôle se prolonge jusqu'à la fin de la première scène de l'acte V. Le dernier vers qu'il prononce, le vers 1406, précède de quelques minutes seulement le récit de sa mort. Il y a là, nous dit Jean Pommier [33], « une durée à remplir par un jeu sur la scène ; un jeu qui devrait être assez long pour que Théramène eût le temps d'accompagner son maître jusqu'au lieu de l'accident, d'y assister et de revenir l'annoncer. Chez Gilbert et Bidar pas de difficulté : on dilate l'entr'acte autant qu'il le faut. Mais ici, nulle élasticité. Le départ d'Hippolyte, la rencontre du monstre, le combat et ses épisodes, la mort du héros, le retour du messager, il faut que tout cela se passe dans un temps record, le temps de dire soixante-dix vers : quelque chose comme quatre minutes et quart »...

Dans ce « temps record », il faut, en effet, qu'aient lieu non seulement toutes les péripéties du combat avec le monstre, mais les adieux d'Hippolyte, qui occupent à eux seuls six vers du récit de Théramène, l'arrivée d'Aricie, et la plainte de celle-ci penchée sur le corps d'Hippolyte. Car Aricie reste en scène avec Thésée jusqu'au vers 1450, et 38 vers seulement séparent le moment où elle le quitte de l'arrivée de Théramène. Les deux minutes qu'il faut pour les prononcer ne suffiraient même pas pour la scène des derniers adieux, ce qui laisse à Aricie moins x minutes pour arriver à l'endroit où se sont arrêtés les coursiers d'Hippolyte, et à Théramène moins y minutes pour en revenir. Enfin, lorsque Phèdre paraît dans la scène finale de l'acte V et que Thésée, en la voyant, s'écrie : *Eh ! bien, vous triomphez, et mon fils est sans vie*, est-il possible qu'elle ignore la mort d'Hippolyte ? Elle écoute Thésée sans l'interrompre, ou peut-être ne l'écoute-t-elle même pas, mais ces simples mots qu'elle prononce : *il n'était point coupable*, ne laissent subsister aucun doute : elle sait tout. « Ni la vraisemblance, ni la raison, ni la mesure même du temps n'acceptent qu'elle sache », dit Thierry Maulnier. [34] Mais elle sait, malgré la vraisemblance, la raison et la mesure du temps. Comment ? L'invraisemblance serait choquante si seulement on y réfléchissait, et l'essentiel, c'est que précisément on n'y réfléchit point. Quelques secondes — 8 vers — avant l'arrivée de Théramène Panope supplie Thésée de « daigner voir » Phèdre et de la secourir : *Le trouble semble croître en son âme incertaine*. Et rien ne nous autorise à croire qu'à ce moment-là Phèdre a déjà appris la nouvelle. L'aura-t-elle apprise dans l'intervalle des vers 1461 et 1593 par quelque messager aussi rapide que Théramène ? On l'ignore, mais tout se présente à nous de la façon la plus naturelle, tout *paraît* vraisemblable, comme si pour nous aussi bien que pour les personnages eux-mêmes le temps n'était plus mesurable, comme si nous étions nous-mêmes installés dans une intemporalité poétique où les notions de rapidité et de lenteur, de

---

33. *Aspects de Racine*, 1954, p. 200.
34. *Racine*, 39ᵉ éd., 1947, p. 108.

cohérence temporelle dans la suite des événements, n'ont plus
de sens, où disparaît le dernier vestige de l'idée sur laquelle
repose toute la dramaturgie du siècle, celle de vraisemblance
inscrite dans la durée. [35].

Faut-il se demander *comment* cela se fait, comment l'action
d'une scène de tragédie se trouve abandonnée à une force qui
abolit toute relation entre le temps du spectateur et celui du
spectacle ? Un jour, à la Sorbonne, Valéry, pressé par un aréo-
page incrédule d'expliquer l'inexplicable, a répondu comme
Pauline : [36] « Je vois, je sais, je crois, ne m'en demandez pas
davantage. » Il s'agissait de savoir si l'on peut déceler dans
un groupe de vers la présence du mystère poétique, ou plus
exactement de fournir la preuve qu'il y a là « quelque chose
qui n'a pas d'autre nom que celui de poésie ». Les adversaires
de Valéry, a-t-on observé à ce propos, raisonnaient à peu près
comme Voltaire dans ses *Remarques sur les Pensées de M. Pascal* : « Quelle étrange explication ! *L'homme est inconcevable
sans ce mystère inconcevable.* » [37] C'est bien assez de ne rien
entendre à notre origine, sans l'expliquer par une chose qu'on
n'entend pas. La science moderne, je l'ai souvent dit, est moins
exigeante, elle qui se contente de constater l'inexplicable *dans
ses effets.* Faisons comme elle, et demandons-nous seulement
à quel moment, dans telle tragédie de Racine, l'inexplicable se
manifeste à nous et « le temps qui passe » cesse de passer.
N'est-ce pas à l'instant même où « quelque chose qui n'a pas
d'autre nom que celui de poésie » se substitue à la simple
relation des faits ?

> La coupe dans ses mains par Narcisse est remplie,
> Mais ses lèvres à peine en ont touché les bords,
> Le fer ne produit point de si puissants efforts.
> Madame, la lumière à ses yeux est ravie,
> Il tombe sur son lit sans chaleur et sans vie.
> Jugez combien ce coup frappe tous les esprits :
> La moitié s'épouvante, et sort avec des cris.
> Mais ceux qui de la cour ont un plus long usage
> Sur les yeux de César composent leur visage.

Dans la plénitude de ce chant dont l'écho se prolonge à l'infini, s'abolit en nous la plus vaine des apparences, celle du
temps réel. Et tout le théâtre de Racine nous amène finalement
à une vision des choses qui est tout le contraire de ce qu'avait
cherché à réaliser le théâtre dit classique : au lieu d'assimiler
le temps fictif au temps réel, il en proclame l'autonomie et en
glorifie la suprématie. Si vraisemblance il y a, elle n'a de commun avec la vraisemblance de l'époque que le nom : c'est une

---

35. C'est à quoi songeait sans doute Thierry Maulnier en disant qu'il
importe « que la course au malheur ait l'allure même des âmes passionnées, et non pas l'allure des choses qui opposent aux décisions
des hommes le retard de leur inertie » (*loc. cit.*). — N. de l'Auteur.
36. H. Bremond, *Racine et Valéry*, 1930, p. 185.
37. *Lettres philosophiques*, **XXV**, iii.

vraisemblance plus symbolique que littérale, une vraisemblance qui suppose d'abord une rupture totale avec l'imitation
servile de la réalité vécue. Parmi les théoriciens de l'époque
je ne connais pas un seul qui l'ait compris ainsi. La doctrine
dont ces théoriciens proclamaient fièrement le règne était une
doctrine étrangère à la notion même de l'irréel dans l'art, et
le premier critique chez qui l'on trouve une affirmation tant
soit peu nette du temps au théâtre, est un écrivain du XVIIIᵉ siècle, l'abbé Nadal. [38] « L'action, dit-il, ne se précipite pas sur la
scène comme ailleurs », ce qui veut dire qu'elle peut s'allonger
ou se raccourcir selon les exigences du texte de l'œuvre, et
indépendamment du temps réel ; et cela devient possible au
théâtre, pour deux raisons : tantôt par la *diversion* qui se fait
dans l'esprit du spectateur attaché au spectacle au point de
ne plus pouvoir « compter les moments » ; tantôt par une
sorte d'oubli de soi, de son être réel, et partant du temps
qui mesure son existence en dehors du théâtre. Attaché à l'action et détaché de lui-même, le spectateur n'est plus le maître :
il est la proie de l'art qui opère en lui la plus belle des méta-
morphoses, la transformation du temps réel en temps fictif.

Qu'est-ce à dire sinon que la conception racinienne du temps
tragique relève de l'art du théâtre tel qu'il a toujours été
entendu par ceux qui en entendaient la véritable fonction ?
Cette fonction est justement celle de l'*irréel*. Entre l'auteur,
l'acteur et le spectateur un courant s'établit qui les enferme
tous les trois dans un monde imaginaire. A l'intérieur de ce
cercle l'imagination est à la fois libre et enchaînée. Elle est
libre parce qu'elle est en rupture totale avec ce que nous appelons le monde réel, parce qu'elle est séparée du réel par une
marge qui l'encadre et l'isole. Elle est enchaînée, parce qu'à
l'intérieur de ce cadre qui l'éloigne du réel, elle se meut selon
un rythme qui lui est propre, et qui est un rythme de convention — auquel contribuent des paroles stylisées, un langage
élevé à une certaine puissance qui n'est pas celle du langage
parlé de tous les jours. C'est ce rythme qui consacre la coupure dans le temps et qui situe l'œuvre dans un temps ima-

---

38. « Une raison bien naturelle a obligé les maîtres de l'Art à resserrer la tragédie dans un court espace de temps ; c'est qu'en effet,
c'est un poème où les passions doivent régner, et que les mouvements
violents ne peuvent être d'une longue durée. Il est vrai qu'il y aurait
eu trop de rigueur à exiger des poètes qu'ils ne donnassent à l'action
de leur tragédie que l'espace de la durée naturelle ; d'autant plus qu'il
est facile de gagner quelques heures sur l'intervalle des scènes, et
encore plus sur celui des actes, et que dérobant ce temps-là au spectateur sans qu'il s'aperçoive de l'allongement de l'action, il ne perd
rien de son plaisir. L'action ne se précipite pas sur la scène comme
ailleurs ; soit que la diversion qui se fait dans l'esprit du spectateur
par l'attention même dont il a besoin pour suivre l'action théâtrale,
tant en elle-même que dans l'expression extérieure du jeu des acteurs,
ne lui permet pas de compter les moments ; soit que les diverses
impressions qu'il reçoit de la pièce ne le laissent pas assez à lui-même
pour chercher à nuire à son propre plaisir. » (*Œuvres mêlées de
Monsieur l'abbé Nadal*, 1738, II, 167).

ginaire où la magie irréelle de l'action théâtrale peut avoir libre cours. Un philosophe que j'aime citer, Henri Jourdan, a dit à ce propos que « l'œuvre dramatique est une sorte de complot destiné à arracher tous les participants au réel, et à les maintenir dans l'irréel... ». Il s'agit d'arracher le spectateur du réel à la fois par l'oreille et par la vue. Il faut que ses oreilles captent un langage qui s'élève à une nouvelle puissance ; et il faut aussi que ses yeux saisissent un ensemble de formes rythmées ; que la scène enfin soit chargée d'une puissance plastique et rythmique capable de fructifier les efforts convergents du poète, des acteurs et du spectateur.

Nous arrivons ainsi, à la suite de cette excursion hélas ! trop brève dans le domaine du temps poétique, à une constatation analogue à celle que nous avons déjà faite et que nous aurons encore à faire lorsque nous nous occuperons de l'usage que Racine a fait de la langue de son temps. Tout en acceptant certaines formes établies par l'usage — que ce soit la règle des vingt-quatre heures, l'hégémonie de la parole sur la scène, ou le langage figuré des précieux — Racine en modifie radicalement l'emploi, les oriente vers un idéal poétique qu'ignorait le théâtre de son temps et que nous pouvons découvrir aujourd'hui grâce surtout à notre refus de chercher le secret de son art dans l'esthétique de son époque. J'ai dit ailleurs que les voix des personnages raciniens « plient le discours aux secrètes cadences du chant et font jaillir le chant des mouvements les plus fugitifs du discours ». J'ajouterai aujourd'hui que c'est exactement de la même façon, au gré de cette même magie transformante, que Racine utilise le cadre d'un temps mesuré pour abolir toute mesure, pour en faire jaillir une action atemporelle. Il faut, pour éviter de déformer et diminuer en nous l'image de Racine poète, renoncer à l'exprimer par ce qui n'est pas lui, cesser de dire qu'il résume en lui l'essentiel de son temps et qu'il ne s'en distingue que par un savoir-faire supérieur dans le domaine du langage comme dans celui du théâtre. Il s'en distingue non par le degré de perfection, mais par la nature même de l'œuvre qui tout en faisant semblant de rester « dans les règles » nous mène au seuil d'un monde soumis à d'autres lois — d'un monde où se manifeste en toute liberté l'énergie créatrice du poète.

VI

Nous avons jusqu'ici cherché à saisir dans l'œuvre de Racine la manifestation d'un phénomène sans précédent à son époque et que nous nous sommes bien gardés de définir : nous l'avons simplement observé dans *Andromaque*, nous en avons constaté la présence à travers la métamorphose du temps humain en temps fictif ou, pour mieux dire, en temps poétique : présence de quelque chose qui n'a pas d'autre nom que la poésie. Et ce que je voudrais tenter avec vous aujourd'hui, c'est peut-être ce qu'il y a de plus délicat dans ce genre de recherche : un regard sur les conditions verbales et prosodiques dans lesquelles se réalise cette poésie, son conditionnement linguistique pour parler comme les philosophes allemands, ou, si l'on veut, ses ressources formelles que pour la commodité de l'exposé on pourrait considérer selon les trois aspects de l'écriture : rythme, vocabulaire, syntaxe. Aujourd'hui je ne parlerai que des deux premiers. Nous savons, grâce à un passage d'un manuscrit anonyme du XVIIIᵉ siècle dont nous devons la première révélation à Mme Dussane [39], comment Racine lui-même entendait ses vers, comment, selon lui, il fallait les dire. Il y a là un beau sujet de réflexion sur ce que les modernes ont appelé le « miracle poétique » qui se situe dans un domaine à part, auquel ni la diction prosaïque ni les « tons outrés » des interprètes ronronnants ne sauraient nous faire accéder. « Il voulait, nous dit l'interlocuteur anonyme de Jean-Baptiste Racine, qu'on donnât aux vers un certain son qui, joint à la mesure et aux rimes, se distingue de la prose. » Quel était ce *son* à la fois non-prosaïque et non vocal ? Aucun témoin ne nous a encore expliqué comment Racine lui-même récitait ses vers. Il les disait, affirme-t-on, « du ton le plus naturel et le plus insinuant ». Mais que signifient au juste ces épithètes ?

---

39. « Du nouveau sur Racine », *Le Divan*, 1941, pp. 49-63 ; voir le texte intégral dans L. Vaunois, *L'enfance et la jeunesse de Racine*, 1964, pp. 201-02. — « Il n'approuvoit point la maniere trop unie de reciter establie dans la trouppe de Moliere, il vouloit qu'on donnast aux vers un certain son qui joint a la mesure et aux rimes se distingue de la prose : mais il ne pouvoit supporter ces tons outrés et glapissans qu'on veut substituer au beau naturel, et qu'on pourroit pour ainsy dire noter comme de la musique. »

Et, chose curieuse, ceux d'entre nous qui ont entendu les vers de Racine récités par divers interprètes, depuis Sarah Bernhardt jusqu'à Annie Ducaux et Véra Korène, gardent parfois un souvenir ému de leur jeu, rarement de leur diction ; rien n'est plus décevant en effet que d'entendre ces interprètes attitrés de Racine sur des disques. Ce que je vous dis maintenant n'est peut-être qu'une impression personnelle et très subjective, mais le fait est que jamais encore aucune interprète de Phèdre, d'Andromaque, d'Hermione et de Bérénice n'a dit les vers que je me suis si souvent lus à voix basse, comme je les entends. Je ne suis pas seul à éprouver cet embarras, ce regret de tout ce que ces vers si naturels, si insinuants perdent à être livrés à la merci de leurs interprètes. Dans un livre auquel je crois avoir déjà fait allusion — *Matières et Formes* d'Etienne Gilson [40] — je trouve une remarque analogue. Gilson affirme que jamais encore il n'a entendu les vers de Racine rendus comme il les entend : non certes parce que lui-même, Gilson, se croit capable de les dire mieux que les autres, mais au contraire, parce qu'il ne se les dit jamais. La musique du vers racinien est, selon lui, quelque chose que l'on entend, mais qu'aucune voix humaine ne saurait traduire par ses inflexions — un art qui trouve son expression parfaite au-dessus de l'ouïe, et au-dessus du regard, dans l'idée que nous nous en faisons en lisant ou en écoutant le texte. Toutes nos lectures, toutes nos tentatives de récitation ne sont que des approximations plus ou moins manquées, condamnées à ne jamais atteindre ce que nous réalisons en nous-mêmes, intérieurement ; approximations parfois utiles dans la mesure où elles peuvent communiquer à ceux qui nous écoutent l'idée que nous nous faisons de tel vers racinien, mais qui ne sont pas comparables à l'exécution d'un morceau de musique par un grand musicien. Un interprète de Racine au théâtre n'est pas dans la situation d'un tel exécutant : celui-ci peut prétendre à une réussite totale, personnelle sans doute et subjective même, mais qui se suffit à elle-même, qui ne se réfère pas à autre chose. Elle existe en elle-même et par elle-même sans nous faire songer nécessairement à une exécution idéale, à jamais irréalisable.

Racine n'avait pas choisi l'alexandrin (notre hexamètre national, comme l'appelle Bremond) parce qu'il le préférait à d'autres formes métriques : l'alexandrin lui était donné comme un des attributs de l'écriture théâtrale qu'il avait adopté dès le début. Mais l'histoire de l'alexandrin dans le théâtre du XVIIe siècle est pleine d'enseignements précieux pour quiconque s'intéresse à la nature du phénomène poétique. Mètre compassé, introduit dans le théâtre pour servir de véhicule aux développements oratoires, non seulement il n'avait en lui-même rien de poétique, mais il ne semblait même pas favoriser l'éclosion du génie poétique. L'immense majorité des pièces écrites en alexandrins au XVIIe siècle sont écrites en

---

40. P. 235.

prose, divisée en tranches de douze syllabes, chaque tranche coupée en deux par la césure médiane. Il n'y a rien de plus monotone que cette suite interminable de vers qui se ressemblent non seulement comme des frères, mais comme des jumeaux :

> Ne vous offensez point / princesse incomparable,
> Si, prêt à succomber / au malheur qui m'accable,
> Pour la dernière fois / j'ai tâché d'obtenir
> La triste liberté / de vous entretenir.

Ici les unités métriques, toutes pareilles les unes aux autres, comportent chacune six syllabes ; et nous savons d'ailleurs que c'est ainsi que les non-francophones lisent l'alexandrin français. Déjà Louis Racine l'avait remarqué à propos de quelques-uns des vers les plus célèbres de son père. « Les étrangers, dit-il, dans ses *Remarques sur les tragédies de Jean Racine* [41], s'imaginent qu'en prononçant deux vers nous nous reposons quatre fois, à cause des quatre hémistiches. » Et il ajoute : « Croient-ils que dans sa colère Hermione marche à pas comptés ?

> Adieu tu peux partir / je demeure en Epire /
> Je renonce à la Grèce, / à Sparte, à ton empire [sic] /
> A toute ta famille [sic] / et c'est assez pour moi, /
> Traître qu'elle ait produit / un monstre tel que toi [sic]. »

Et puis ce même Louis Racine nous dit comment il faut scander ces vers :

> Adieu / tu peux partir / je demeure en Epire /
> Je renonce / à la Grèce, / à Sparte / à ton empire /
> A toute ta famille, / et c'est assez pour moi
> Traître / qu'elle ait produit un monstre / tel que toi. »

Vous remarquerez que parmi ces quatre vers il y en a un, le troisième, où l'on ne se repose, comme dit Louis Racine, qu'à la fin de chaque hémistiche ; mais c'est précisément parce que cette structure symétrique et rectiligne revient de temps en temps, que nous pouvons apprécier à leur juste valeur les vers qui y échappent ou qui la brisent pour instaurer à sa place un jeu rythmique d'une certaine variété.

Vous avez déjà compris sans doute ce que j'entends ici par « jeu rythmique » : c'est la diversité des mesures dont se compose chaque vers, le nombre variable de syllabes que contient chaque mesure. Le principe essentiel est ici le même qu'en musique : d'une part des mesures d'une durée égale et d'autre part, à l'intérieur de chaque mesure, des notes qui varient en longueur selon leur nombre : plus il y a de syllabes dans une mesure et plus elles sont courtes, exactement comme, en musique, plus vous mettez de notes dans une mesure, et plus

---

41. Amsterdam, 1752, III, 139-40.

vous diminuez la longueur de chacune d'elles. Dans une prosodie syllabique comme la prosodie française, les éléments
constants sont le nombre de syllabes et la division du vers en
tranches d'une durée égale ; par contre, les éléments variables
sont : la place des syllabes accentuées et celle des coupes qui
se situent aussitôt après chacune de ces syllabes,

> Adieu, tu peux partir...

La syllabe accentuée d'*Adieu* amène la coupe qui divise cet
hémistiche en deux mesures de longueur égale, ou plus ou
moins égale ; mais parce que la première de ces mesures a
deux syllabes et que la deuxième en a quatre, nous pouvons
dire que *grosso modo* (car tout ceci est évidemment très
approximatif) *Adieu* se prononce deux fois plus lentement que
tu peux partir.

Louis Racine ajoute que cette façon de rythmer le vers n'est
pas limitée aux vers qui traduisent une passion violente. Le
discours d'Abner dans *Athalie* est rythmé de la même façon :

> Oui, je viens / dans son temple adorer l'Eternel /
> Je viens / selon l'usage antique et solennel /
> Célébrer avec vous / la fameuse journée
> Où sur le mont Sina la loi nous fut donnée. /

Il y a dans cette imparité réfléchie une méthode de composition rythmique pour laquelle il n'y avait pas, au XVIIᵉ siècle,
de règle écrite et que chaque poète devait découvrir par ses
propres moyens, instinctivement et sans l'appui des manuels.
Une chose seulement pouvait guider sa plume en dehors de
son instinct poétique. Les théoriciens de l'époque et Vaugelas
en particulier s'étaient prononcés contre ce qu'ils appelaient
« la trop grande égalité des membres » dans une période oratoire. Ils avaient même cherché à définir la période idéale en
la comparant à une massue, qui s'élargit vers le bout ; et
comme *massue* s'appelait en grec *rhopalos*, ils ont insisté sur
l'attrait de ce qu'ils appelaient la période rhopalique, où les
diverses composantes de la période s'allongent vers la fin. On
n'a qu'à lire n'importe quel morceau d'éloquence sacrée ou
profane pour en trouver des exemples frappants de cet allongement progressif des propositions subordonnées et même
tout simplement des membres de la phrase. Chez Racine, ce
principe rejoint celui de la variété rythmique pour se manifester dans des vers comme ceux du discours de Mithridate
dans la grande scène avec Monime :

> Mon trône vous est dû. Loin de m'en repentir
> Je vous y place même avant que de partir
> Pourvu que vous vouliez qu'une main qui m'est chère,
> Un fils, le digne objet de l'amour de son père,
> Xipharès en un mot, devenant votre époux
> Me venge de Pharnace et m'acquitte envers vous.

> (1057 s.)

Le schéma rythmique de ces trois derniers vers peut se traduire par les chiffres suivants :

    2 + 4 + 3 + 3
    3 + 3 + 6
    2 + 4 + 6

Ici, les variations rythmiques se justifient uniquement au nom du principe d'allongement, elles n'ont pas d'autre objet que de rendre le discours plus agréable à entendre. Mais très souvent le poète les charge de traduire des nuances de pensée.

On a dit que chez Racine la concordance du sens et du rythme est à peu près parfaite, alors qu'elle est parfois hésitante dans les vers d'André Chénier et de Victor Hugo. La phrase se raccourcit ou s'allonge, se modelant sur le rythme, se coulant — bronze en fusion — dans tous les circuits du moule poétique préparé pour la recevoir, si bien que jamais le poète n'a besoin de recourir aux chevilles pour remplir les cases vides, pour avoir son compte de syllabes. Et cela est d'autant plus étonnant que cette découverte du rythme s'est produite tout à fait instinctivement, par une sorte de recherche intuitive des ressources profondes du vers français. Non seulement l'assouplissement du rythme, sa variété, mais l'idée du rapport inverse entre le nombre de syllabes dans une mesure et leur longueur relative, était une chose que les théoriciens de l'époque ignoraient, et qui allait être découverte plus d'un siècle après *Andromaque* et *Phèdre,* dans certains traités de l'époque moderne. Et quand je dis : concordance du sens et du rythme, il faut encore s'entendre, car il y a sens et sens. Voici trois vers d'*Iphigénie* où le sens rythmique coïncide exactement avec le sens rationnel, logique de la phrase :

> Heureux qui satisfait de son humble fortune,
> Libre du joug superbe où je suis attaché,
> Vit dans l'état obscur où les dieux l'ont caché ! (10 s.)

Les trois mots mis en relief par le jeu du rythme — *heureux, libre, obscur* — décrivent à eux seuls, sans autres mots à l'appui, l'état dont rêve ici Agememnon, comme si le rythme établissait au-dessus du sens logique de la phrase un sens qui coïncide exactement avec lui, se manifestant non par une phrase articulée, mais par une suite de vocables qui dominent le tout, et que l'oreille saisit immédiatement, avant même que notre esprit ne déchiffre la structure syntaxique et sémantique de la phrase entière.

Mais il peut arriver, comme dans le cas des premiers vers du monologue de Phèdre, que ce sens superposé ne coïncide pas avec le sens littéral, qu'il soit même en contradiction avec celui-ci. Il se produit alors une curieuse substitution du sens rythmique au sens littéral.

Tout mot ou groupe de mots qui subit l'effet du rythme d'un vers peut être mis en lumière à la faveur de ce même rythme. Un mot ou groupe de mots peut acquérir ainsi un surcroît de signification ou d'intensité, comme il peut, au contraire, rentrer dans l'ombre, telle la partie du décor non éclairée par le projecteur. Je n'en connais pas d'exemple plus frappant que les vers sur lesquels s'ouvre le grand monologue de Phèdre dans la cinquième scène de l'acte II. C'est, comme nous le verrons lorsque nous aurons à nous occuper de cette scène, le seul moment du dialogue où la réplique de Phèdre semble rejoindre les propos d'Hippolyte. Celui-ci vient de lui dire :

> Toujours de son amour votre âme est embrasée,

et Phèdre semble tomber d'accord :

> Oui, Prince, je languis, je brûle pour Thésée,
> Je l'aime...

Mais, chose curieuse, quiconque écoute ou lit ce début de monologue croit toujours qu'il s'adresse à Hippolyte, que ce *je languis*, ce *je brûle* ont pour objet Hippolyte. Et c'est ainsi d'ailleurs qu'elle avoue son amour à Hippolyte ; et ce n'est qu'ainsi qu'elle peut l'avouer : elle ne peut lui parler, elle ne peut lui dire ce qu'elle pense qu'à travers l'image de Thésée. Image qui est à la fois le grand, le terrible obstacle qui se dresse entre eux, et la pente sur laquelle Phèdre glisse imperceptiblement, irrésistiblement vers l'abîme de honte, de crime et d'horreur qui va l'engloutir. Pourquoi entendons-nous ces mots comme s'ils signifiaient le contraire de ce qu'ils disent ? Parce que la structure rythmique efface l'image de Thésée et met en relief celle d'Hippolyte, à commencer par le premier vers dominé par *Prince, je brûle*, et où le nom même de Thésée est à peine audible.

> Je l'aime, non point tel que l'ont vu les Enfers,
> Volage adorateur de mille objets divers,
> Qui va du dieu des morts déshonorer la couche ;

On n'entend guère, on n'écoute presque pas ces vers rapides, pâles, et le véritable thème de ce chant d'amour ne s'affirme qu'avec ces syllabes chaudes, caressantes, fortes qui évoquent la seule image d'Hippolyte :

> Mais fidèle, mais fier, et même un peu farouche,
> Charmant, jeune, traînant tous les cœurs après soi,
> Tel qu'on dépeint nos dieux, ou tel que je vous voi.

Ces mesures lentes répondent aux exigences de l'expression auxquelles la parole brute seule ne saurait suffire, et ce sont elles qui trahissent tout ce que Phèdre avait voulu dérober au jour.

Mais voyez, dans ce même couplet, comment à partir du moment où Thésée est oublié, à partir du moment où Hippolyte s'est substitué à lui dans les détours du Labyrinthe, voyez comment ce même rythme magique de l'alexandrin permet à Phèdre de marcher tout droit à l'aveu, et donc à sa perte, à éclairer d'une lumière toujours plus puissante chacun de ses pas.

> Ma sœur du fil fatal eût armé votre main.
> Mais non, dans ce dessein je l'aurais devancée.
> L'amour m'en eût d'abord inspiré la pensée.
> C'est moi, Prince, c'est moi dont l'utile secours
> Vous eût du Labyrinthe enseigné les détours.
> Que de soins m'eût coûtés cette tête charmante !
> Un fil n'eût point assez rassuré votre amante.
> Compagne du péril qu'il vous fallait chercher,
> Moi-même devant vous j'aurais voulu marcher,
> Et Phèdre au Labyrinthe avec vous descendue,
> Se serait avec vous retrouvée, ou perdue.

Les mots qui comptent, ici, sont ceux par lesquels débute chaque vers : *Ma sœur...* l'image d'Ariane conduisant Hippolyte se dresse devant Phèdre, et c'est précisément devant cette image qu'elle recule pour se mettre aussitôt à la place d'Ariane : *Mais non... Moi-même... Et Phèdre...* ; voilà comment à la faveur de cette ponctuation rythmique du discours, des termes que le rythme met successivement en relief, se réalise d'abord la substitution de Phèdre à Ariane, et la présence même de Phèdre au fil fatal dont Ariane aurait armé son amant.

Dans le dernier vers l'imparité voulue des deux tranches qui le composent, la rapidité avec laquelle se prononcent les neuf premières syllabes, la coupe inattendue qui les suit, tout cela donne au mot *perdue* le relief voulu et arrache à Hippolyte ce cri d'horreur :

> Dieux ! qu'est-ce que j'entends ? Madame, oubliez-vous
> Que Thésée est mon père, et qu'il est votre époux ?

Dans des cas comme celui-ci le rôle du rythme est essentiellement un rôle expressif : il donne au discours poétique un surcroît de valeur signifiante, infléchit dans le sens voulu les nuances de l'expression, traduit l'état d'âme du personnage parlant mieux que ne saurait le faire la description la plus exacte. Mais la parole, chez Racine, n'est pas seulement chargée de traduire les états d'âme, elle est aussi chargée de les créer, d'agir sur les personnages mêmes qui les prononcent, de les faire agir selon une logique tout intérieure et par-là même irrésistible. Les personnages s'écoutent au moins autant qu'ils écoutent les autres, et en s'écoutant ils découvrent en eux-mêmes les raisons qu'ils peuvent avoir de vivre ou de ne pas vivre, de souffrir, de haïr et d'aimer. Nous avons déjà rencontré cet aspect de la poésie racinienne dans les rôles d'Andromaque et d'Hermione ; nous avons vu, par exemple, que la vengeance d'Hermione, sa décision irrévocable de faire périr Pyrrhus, ne vient pas d'un simple jeu d'arguments, mais des paroles mêmes qu'elle prononce : c'est au contact de ces paroles que le cœur d'Hermione retrouve toute sa violence et achève de l'égarer, comme si l'écho de sa voix se faisait complice de sa perte.

Et comment cette même Hermione découvre-t-elle le sens de son geste meurtrier sinon à travers une pensée articulée et poétiquement rythmée ?

> Qu'il meure, puisqu'enfin il a dû le prévoir,
> Et puisqu'il m'a forcée enfin à le vouloir.

Telle une vague furieuse qui déferle à son sommet, ce vers porte sur sa crête ce mot terrible de *vouloir* rehaussé, revalorisé par le rythme, le mot qui condamne Hermione et décide de son sort. La modulation tragique, le passage de la lucidité à l'égarement et de l'égarement à la reconnaissance, est ici un fait poétique, il se dégage de la façon la plus naturelle et la plus impérieuse du discours cadencé.

Mais voici un autre cas, tout aussi remarquable. Thésée vient de condamner son fils au supplice, il l'a livré à la vengeance de Neptune parce qu'il le croit coupable. Hippolyte sort, et Thésée, le regardant partir, prononce ces quelques vers :

> Misérable, tu cours à ta perte infaillible.
> Neptune par le fleuve aux dieux mêmes terrible
> M'a donné sa parole, et va l'exécuter.
> Un dieu vengeur te suit. Tu ne peux l'éviter.

On ne saurait donner aux mots les plus simples plus d'énergie expressive. Ces groupes de deux syllabes — *un dieu vengeur te suit* — sont chargés d'exprimer froidement une décision irréversible, ils sonnent le glas par leur position même dans le vers et deviennent par-là même générateurs de remords et de pitié. Ce vers dont le rythme évoque l'image même du destin, fait surgir à lui seul le *Je t'aimais* qui le suit ; comme si par sa cruauté même il provoquait chez le père égaré ce réflexe de la tendresse paternelle dont toutes les scènes qui suivent ne feront qu'approfondir le pathétique.

VII

Nous venons de voir comment, en dépit de la traditionnelle rigidité de ce mètre compassé, en dépit de tous les usages non-poétiques qu'on en avait faits, l'alexandrin devient chez Racine générateur de moments poétiques qu'aucun traité de prosodie, aucune doctrine n'avait prévus et sans lesquels pourtant son théâtre ne serait point ce qu'il est.

Même métamorphose au niveau du matériel verbal de cette poésie. Mais là certains préjugés romantiques nous empêchent aujourd'hui encore d'y voir clair. Tout le monde, et surtout les historiens attitrés de la langue, déplorent aujourd'hui encore l'insuffisance des moyens d'expression dont disposait la langue écrite du grand siècle. Elle était, dit-on, ennemie de l'image, elle n'était qu'un système de signes algébriques qui n'exprimaient plus rien : le mot est de Ferdinand Brunot dans sa volumineuse *Histoire de la langue française* [42]. Cette langue, dit-il encore, ne fait naître aucune sensation, elle se compose de pièces de monnaie effacées et non de médailles frappées au coin de l'imagination individuelle. La langue précieuse ne faisait qu'élever à une puissance supérieure, d'aucuns diraient extrême, ce caractère a-poétique du vocabulaire de l'époque, car toute locution précieuse était essentiellement un chiffre, quelquefois une devinette, chargée non pas de rapprocher les mots des objets et des sensations qu'ils désignaient mais de les en éloigner. Lorsqu'on remplaçait le langage de la passion par des termes tels que *feu, ardeur, soins,* ou que l'on mettait au service de ce langage tout le vocabulaire d'une conquête militaire — *vainqueur, conquérant, tyran, captif, fers, joug, ennemi,* et ainsi de suite — on ne cherchait pas à créer un langage imagé, mais au contraire à éloigner le mot de son sens concret au point de le laisser s'évanouir. On songeait si peu au feu en appliquant ce terme à la passion que dans une célèbre parodie du théâtre classique — la *Cléopâtre* de Paul Reboux — un personnage a même pu se plaindre de ce que sa bien-aimée

Ne répond à son feu que par un feu glacé.

Et ce n'est presque pas une charge : aussi longtemps qu'en

---

42. T. IV, pt. 1 (1913), pp. 562-64.

disant *feu* vous ne songez pas du tout au feu, il n'y a aucune raison pour qu'il ne soit pas glacé.

Et d'ailleurs, cette disparition de la valeur concrète du mot, cet oubli de sa signification première — ce qu'on appelle en rhétorique la *catachrèse* — se retrouve à toutes les époques et dans toutes les langues du monde. L'esprit humain est régi par deux exigences sans lesquelles aucune langue ne saurait exister : il lui faut d'une part un répertoire d'images pour traduire tout ce qui est abstraction (toute abstraction, tout ce qui désigne un concept abstrait, a commencé par être le nom d'un concept concret) ; et d'autre part il lui faut oublier l'origine concrète des termes abstraits pour s'en servir plus librement, pour pouvoir dire justement « feu glacé ». Il nous faut, pour notre usage courant, un très grand nombre de ces termes qui ne sont pas des médailles, mais des *monnaies* ; et ce n'est pas le XVIIᵉ siècle, c'est la nature humaine qui a effacé le relief de la monnaie courante. Et dans toute langue, à côté des images mortes et des images qui sont encore vivantes, il existe une troisième catégorie, une catégorie intermédiaire : celle de termes abstraits qui conservent encore le souvenir de leur origine concrète. Les philosophes les appellent images *affectives*, et encore une fois ce sont là des expressions que nous employons tout le temps sans toujours nous rendre compte de la complexité du phénomène linguistique sous-jacent. En voici un exemple très simple : lorsque nous disons que la *température baisse*, nous employons le verbe baisser dans un sens strictement concret — nous voyons le thermomètre marquer une baisse physique. Mais imaginons un grand malade dont l'état empire constamment : nous dirions alors quelque chose comme « le malade baisse de jour en jour ». Ce ne sera pas tout à fait une image, mais c'est tout de même quelque chose qui conserve pour nous le sentiment de l'image. Lorsque nous lisons dans le *Cid* ce distique célèbre :

> Les palmes dont je vois ta tête si couverte
> Semblent porter écrit le destin de ma perte,   (413 s.)

nous ne voyons ni palmes, ni tête, ni écriture : nous songeons tout simplement à la gloire dont ces palmes sont le symbole devenu pure abstraction, et nous songeons à la certitude d'un désastre qui s'exprime ici par l'image morte d'une écriture qui n'a plus d'attache concrète.

Le propre du langage est précisément de couper ces liens, de faire de l'image un signe sans valeur concrète. C'est précisément ce qui autorise le jeu de ce qu'on appelle « pointes » ; c'est ce que la rhétorique anglaise désigne par le terme de *conceit* emprunté, si je ne me trompe, à l'italien. Une pointe est un trait d'esprit qui confond deux acceptions du même terme, le plus souvent une acception concrète et une acception abstraite ; mais pour que ce jeu soit efficace, il faut justement que les deux acceptions ne se confondent pas. Les propos de Pyrrhus dans sa première scène avec Andromaque nous en fournissent d'excellents exemples. Lorsqu'il lui dit :

> En combattant pour vous, me sera-t-il permis
> De ne vous point compter parmi mes ennemis ?

quelqu'un qui ignore le vocabulaire précieux risquerait d'interpréter ces deux vers au pied de la lettre, comme si Pyrrhus disait : « je veux bien faire la guerre pour vous, mais il faut alors que vous soyez de mon côté », ce qui serait une platitude. Or, *ennemi* dans sa bouche, comme dans celle de tout précieux, veut dire celle qu'il aime et qui ne l'aime pas. A moins de maintenir fermement dans l'esprit cette acception du mot *ennemi*, on n'y comprend pas grand-chose ; on ne comprend surtout pas ce que cette façon de parler a d'ingénieux : à la faveur du double sens d'*ennemi* Pyrrhus présente comme une chose qui va de soi précisément ce qui pour Andromaque est le comble de l'horreur : il n'y aurait de salut pour elle que si Pyrrhus combattait pour elle sans qu'elle cessât d'être son ennemie au sens précieux du terme.

Pourtant ce n'est là évidemment qu'un jeu qui peut amuser l'esprit mais qui n'a aucune espèce d'efficacité poétique ou dramatique. Les duels précieux sont faits pour amuser l'esprit, non pour emporter la conviction. Et Pyrrhus a beau prononcer cet autre vers que Racine a payé cher, car la critique jusqu'ici n'a jamais voulu le lui pardonner :

> Brûlé de plus de feux que je n'en allumai...

Il n'est pas le premier à l'avoir dit. Nous savons aujourd'hui que c'était, à l'époque, presque un poncif, et qu'il est absurde de reprocher à Racine de faire parler ses personnages comme tout le monde parlait autour d'eux. Si nous le trouvons absurde, c'est que nous ne sommes pas des précieux ; nous ne pouvons pas parler de quelqu'un qui *brûle* sans avoir au moins un sentiment de l'image à laquelle cette locution doit son origine. La pointe ici, repose justement sur ce consentement total à l'abstraction : juxtaposer les deux termes en demeurant conscient de la valeur purement abstraite de l'un d'eux. C'est commettre un contresens grave que de se représenter Pyrrhus dévoré par des flammes. Ce malheureux vers n'a de sens que si l'on reconnaît dans le verbe *brûler* une image morte ; car il n'y a là ni image, ni sentiment d'image, et c'est ce qui explique que ce vers n'ait jamais convaincu personne. Il se situe à la surface des choses, dans un domaine de la parole où les mots, loin d'être conducteurs du courant poétique, se font docilement jouets de l'esprit.

Et c'est là un aspect du langage racinien qui n'est absent d'aucune de ses tragédies, mais qui s'efface dans notre esprit à mesure que s'affirme un autre aspect de son art, que je tiens à illustrer avant d'essayer de le définir. Prenons ces deux vers d'*Esther* :

> Le jour approche où le Dieu des armées
> Va de son bras puissant faire éclater l'appui.   (20 s.)

Ici, il n'y a aucun sentiment de l'image, rien qui justifie ou qui

ranime la métaphore du *bras* de Dieu. « Faire éclater » veut
dire ici simplement « manifester », « rendre visible » ou « faire
sentir » — l'origine concrète de la métaphore est aussi peu
sensible que dans les *palmes* de Corneille. Mais voyez maintenant ce qui se passe dans cet autre vers de la même scène :

> Dieu tient le cœur des rois entre ses mains puissantes.   (67.)

Certes, c'est là une formule biblique, tirée du chapitre 21 des
Proverbes. Elle est pourtant transformée, transférée dans un
tout autre registre, et cela pourrait s'expliquer, du moins en
partie (on sait combien il est dangereux d'expliquer quoi que
ce soit en poésie), par la présence des mots qui entourent
l'image des *mains* de Dieu : *tient, entre, puissantes* — rayons
qui frappent l'image chacun de son côté en lui restituant quelque chose de son relief.

Tel est, chez Racine, ce processus extrêmement subtil de l'uti-
lisation des images, processus qui consiste à réveiller en elles
le souvenir de leur origine. Car la vie profonde des mots n'est
qu'une condensation ou une réanimation de leur passé, ou plus
exactement de la zone de leur passé éclairée par la mémoire.
Lorsque Théramène dit à Hippolyte :

> Chargés d'un feu secret vos yeux s'appesantissent

ne voit-on pas comment le terme précieux de *feu*, ce cliché tant
usé, s'épanouit grâce au cadre verbal où il est placé, où le verbe
s'appesantissent prolonge *chargés* comme pour nous donner le
sentiment de la valeur concrète de l'image, sans pour cela lui
restituer entièrement cette valeur.

Le rôle de Phèdre est inscrit tout entier dans ce registre
d'images que leur emploi dans certains vers rappelle à la vie :

> Je voulais en mourant prendre soin de ma gloire
> Et dérober au jour une flamme si noire.

Ce reflet d'une sombre flamme revient sans cesse, transposant
le chant d'amour et de deuil de Phèdre dans une tonalité
ardente.

> J'ai pris, j'ai fait couler dans mes brûlantes veines
> Un poison que Médée apporta dans Athènes.

Et la vraie question qui revient sans cesse à l'esprit à mesure
que se développe devant nos yeux le calvaire de Phèdre, est la
suivante : Phèdre aurait-elle connu l'horreur de ses vœux et de
sa condition si les prestiges du langage ne la lui avaient révélée ?

Je voudrais pour vous fournir un élément de réponse vous
signaler un texte dont nous aurons plus tard l'occasion de parler plus en détail [43], car il est d'une importance capitale pour
l'étude du rôle que Racine assigne au langage poétique, et partant de l'efficacité de ce langage :

> Que fais-je ? Où ma raison se va-t-elle égarer ?

---

43. Pp. 108 s.

Moi jalouse, et Thésée est celui que j'implore ?
Mon époux est vivant et moi je brûle encore ?

Ici, *brûler* n'est guère autre chose que monnaie courante du langage précieux où il est conçu comme l'équivalent exact d'aimer, sans la moindre trace des harmoniques qui s'y ajoutent à mesure qu'évolue le monologue. A partir du vers suivant :

Pour qui ? Quel est ce cœur où prétendent mes vœux ?

nous entrons dans la phase décisive de la *reconnaissance tragique* de Phèdre, amenée par l'aveu, non d'un crime, mais de la volonté d'un crime, non d'un forfait inconnu aux enfers, mais du désir jusque-là à peine avoué d'un tel forfait. Car l'être essentiel de Phèdre est un être spirituel, et le tragique qui la déchire est fait d'aspirations ultimes : non d'actes accomplis, mais de mouvements du cœur qui sont pour elle les plus terribles des actes. Aspiration à la fois au crime et à l'inaccessible pureté — voilà ce qui habite le cœur de Phèdre et l'accule à son sort. Une fois que cette double puissance s'empare d'elle, tout doit s'effondrer autour d'elle et la terre même s'ouvrir à ses pieds pour l'engloutir. La tâche du poète consistera ici à rendre audible et visible cette tempête céleste qui fond sur une vie humaine. Et tout se passe comme si dans chaque éclair de cette tempête un double rayon frappait l'âme tourmentée de l'héroïne, éprise à la fois de pureté et de ses désirs inassouvis, de ceux dont « jamais son triste cœur n'a recueilli le fruit ». Les deux éclairages coïncident d'une façon si constante et si complète que même au moment où elle commet le seul crime que l'on puisse lui imputer (sans parler, bien entendu de son silence, qui est un crime d'omission) — au moment, dis-je, où elle commet vraiment quelque chose que l'on pourrait appeler son crime — l'aveu à Hippolyte — elle trouve pour s'y laisser amener le langage le plus noble et le plus tendrement pur, comme si se confondaient dans chacune de ses paroles le funeste poison qui se répand sur toute la terre de Thésée et la douceur céleste de la pureté. Seul le langage est capable de traduire cet état de choses, que la scène avec ses jeux et ses artifices ne saurait nous faire éprouver. Après le vers que je viens de citer vient un autre vers :

Chaque mot sur mon front fait dresser mes cheveux,

qui, lui, résume peut-être mieux que tout ce qu'on a pu dire sur Racine la vraie fonction de la parole chez lui — son rôle actif, sa puissance secrète qui fait qu'il suffit aux personnages raciniens de la trouver pour se condamner. Mais ce n'est encore qu'un prélude. Le vrai mouvement commence tout de suite après, et ce mouvement consiste à faire connaître à Phèdre ce qu'elle redoute le plus — l'horreur de ses désirs. Elle vient de prononcer le verbe *prétendre*, qui, à l'époque, voulait dire désirer. Viennent ensuite deux autres verbes de volonté — *respirer* et *brûler*. *Respirer* signifie désirer ardemment (sens dont je remets à un autre jour l'explication) [44], et *brûler* dit encore plus que respirer. Série ascendante des verbes de volonté. Mais avez-vous remarqué ce qu'est devenu dans tout cela le **verbe** *brûler* — monnaie effacée au vers 1266, médaille au vers 1272 ? Comment ? N'est-ce pas encore la même magie **du texte qui lui** confère sa nouvelle puissance ?

Au fond, on peut dire que ce problème de l'image et de sa réanimation est plus vaste encore, et je voudrais vous en indiquer maintenant la véritable portée. Les mots, vous le savez, changent de sens pour plusieurs raisons, mais surtout quand nous les détournons de leur signification première en les employant *improprement* : c'est alors que se produit ce qu'on appelle un *transfert* de sens, et l'image en somme n'est pas autre chose que le transfert de sens d'un objet ou d'un concept à un autre objet qui ressemble au premier ou qui soit dans notre esprit voisin du premier. Lorsque le transfert tient à une ressemblance, à une similitude réelle ou imaginaire, il s'appelle métaphore ; lorsqu'il tient à leur voisinage dans notre esprit il s'appelle métonymie ; mais il s'agit chaque fois d'un emploi qui a commencé par être un emploi impropre. Dans la mesure où la passion peut se comparer à un feu qui nous consume, on peut l'appeler *feu* métaphoriquement ; et dans la mesure où au moyen âge on estimait que tout malheur est la conséquence d'un péché, on pouvait employer le mot péché au sens de malheur ; c'était là une métonymie qui confondait la cause et l'effet. C'est-à-dire deux choses qui dans l'esprit des sujets parlants avaient entre elles des rapports constants.

Il ressort de ce que j'ai déjà dit que dans toute langue il existe ces deux tendances à la fois complémentaires et contradictoires : la recherche de l'image, indispensable dans bien des cas, et la tendance à couper les liens entre le sens figuré et le sens littéral. Nous rions de Joseph Prudhomme qui dit que le char de l'Etat navigue sur un volcan, parce que tous ces termes pour nous ont encore une valeur concrète ; mais ce serait évidemment plus commode s'ils n'en avaient point, si nous pouvions les en émanciper.

En employant le mot *fatal* aujourd'hui en français, comme en anglais d'ailleurs, nous le détachons le plus souvent de son origine : des trois sens possibles : (*a*) qui appartient au destin ; (*b*) qui est déterminé par le destin, qui doit arriver ; (*c*) qui cause un malheur, c'est le sens *b* et le sens *c* qui prédominent dans le langage courant : le sens *b* le plus souvent en français, le sens *c* peut-être en anglais. Quand nous disons aujourd'hui d'une suite d'événements que c'est ou c'était fatal, cela veut dire que dans les circonstances où nous sommes cela est ou était inévitable : nous ne songeons pas au sort ou *fatum*, mais simplement à la logique des choses ; et lorsque vous dites en anglais qu'une maladie ou une blessure est fatale, vous entendez par-là mortelle, sans vous référer au destin. Or, que se

---

44. Pp. 119 s.

passe-t-il chez Racine ? Le mot reçoit toutes les significations, qui se réveillent grâce à l'usage que le poète en fait, tout le champ sémantique parcouru par le mot au cours de son histoire redevient actif ; et c'est ce que je voulais dire quand je vous disais que la vie poétique des mots est un produit de leur histoire. En le disant je paraphrase tout simplement une phrase de Bergson qui dit que c'est avec notre passé tout entier, y compris notre disposition d'âme originelle, que nous désirons, voulons, agissons. La poésie prend ses sources vives dans la zone du langage éclairée par cette mémoire verbale. Qu'importe si l'usure a atteint l'image, si en disant fatal nous ne pensons plus au *fatum*, le rôle du poète consistera justement à créer autour de chaque sens central du mot une périphérie sensible, où ses diverses significations seront appelées au jour.

Dans la plupart des vers où figure le mot fatal on peut dire qu'il a un sens central — tantôt *a*, tantôt *c*, — mais ce sens central est accompagné d'harmoniques. On trouve des cas où le sens *a* prédomine, mais où *b* et *c* sont toutefois présents :

Des dieux la réponse fatale [un oracle] (*Théb.* 172)
   Mon père y tient l'urne fatale.
Le sort, dit-on, l'a mise en ses sévères mains (*Phèdre* 1278).

Ou deux sens peuvent s'allier sur un pied plus ou moins d'égalité :

(*ac*) La Reine touche presque à son terme fatal (*ibid.* 144)
(*bc*) Il a pour tout le sexe une haine fatale (*ibid.* 789)
(*ab*) Ma sœur du fil fatal eût armé votre main (*ibid.* 652).

Voici enfin deux emplois où domine le sens *c*, bien que *b* soit également présent :

S'il vivait, son amour au mien serait fatal (*Théb.* 1451)
De leur hymen fatal troublons l'événement,
Et qu'ils ne soient unis, s'il se peut, qu'un moment
                                        [(*Andr.* 1487).

Excellente introduction à l'étude de Phèdre que tout cela, car dans ce jeu de nuances, de significations qui se superposent et s'enrichissent en se superposant réside peut-être la clé même de l'œuvre. Que signifie la fatalité dans *Phèdre* ? Où se situe-t-elle ? Est-ce un drame de la fatalité, pur et simple, Phèdre est-elle tout simplement victime d'un destin aveugle — et victime innocente par conséquent ? C'est là tout le problème de Phèdre, tout le problème de la signification de son rôle ; et c'est en observant, comme je vous y engage, le développement si varié et si riche en nuances de son langage que nous pourrons en retrouver la sonorité secrète.

VIII

Lorsque, dans la scène finale de l'acte IV, Œnone dit à Phèdre :

Vous aimez. On ne peut vaincre sa destinée.
Par un charme fatal vous fûtes entraînée,

que veut dire dans sa bouche ce *charme fatal* ? N'est-ce pas quelque chose qui comprend les trois sens connus du mot avec, comme sens dominant, celui de « commandé, déterminé, voulu par le destin ? »

Mais il faut se méfier ici de conclusions trop sommaires. Racine dit bien dans sa Préface qu'il doit à Euripide le caractère de Phèdre et donne ensuite un résumé de ce caractère. Phèdre, dit-il, possède toutes les qualités qu'Aristote demande dans le héros de la tragédie et qui sont propres à exciter la compassion et la terreur. « En effet, poursuit-il, Phèdre n'est ni tout à fait coupable ni tout à fait innocente. Elle est engagée par sa destinée et par la colère des dieux dans une passion illégitime dont elle a horreur toute la première... » Et il termine en disant que « son crime est plutôt une punition des dieux qu'un mouvement de sa volonté ».

« Punition des dieux », « colère des dieux », telles sont les données premières du rôle de Phèdre ; mais il ne faut pas oublier qu'en traçant ce profil rapide de son héroïne, Racine parle en réalité de celle d'Euripide : il décrit la Phèdre grecque dont il reconnaît, bien entendu, l'étroite parenté avec la sienne ; mais ce n'est tout de même pas celle que nous entendions dire tout à l'heure :

N'allons point plus avant. Demeurons, chère Œnone.
Je ne me soutiens plus, ma force m'abandonne.
Mes yeux sont éblouis du jour que je revoi,
Et mes genoux tremblants se dérobent sous moi.
Hélas !

Et il faut bien se dire, en effet, en abordant l'étude de la tragédie de Phèdre, qu'elle n'est pas chez Racine un simple décalque de son modèle grec, et que le terme même de *destinée* doit s'entendre ici dans un sens différent de celui de la volonté des dieux. La Phèdre grecque, d'après le texte même que je viens de citer, est victime de sa destinée ainsi que de la volonté des dieux. La Phèdre de Racine l'est-elle aussi ? Les dieux ne sont-ils pas, aux yeux de Racine, de simples symboles transparents ? Oui, peut-être, mais encore une fois, gardons-nous de faire une distinction trop absolue entre ces deux choses. Une atmosphère de mythe baigne cette œuvre inséparable de la légende qui lui a donné naissance. Rien qu'à entendre ces noms de monstres domptés par Thésée :

> Les monstres étouffés et les brigands punis,
> Procruste, Cercyon, et Scirron et Sinnis,
> Et les os dispersés du géant d'Epidaure,
> Et la Crète fumant du sang du Minotaure ;

quand on entend l'appel de Phèdre elle-même au « noble et brillant auteur d'une triste famille », et l'évocation de Vénus à sa proie attachée, peut-on s'empêcher de sentir se recréer sur la scène une mythologie, toute symbolique peut-être, hostile à toute concrétisation, à toute réduction aux images sensibles, mais qui est présente malgré tout, comme est présente dans les divers emplois abstraits de certains termes trop usés leur origine concrète ?

Et c'est précisément là le grand problème d'esthétique dramatique que pose cette pièce, unique en son genre, isolée même dans le théâtre de Racine. Il est facile de représenter une action dirigée d'un bout à l'autre par les dieux de l'Olympe : c'est ce qu'avaient fait les poètes tragiques de l'antiquité et c'est ce que faisaient encore, sous une forme sensiblement dégradée, les auteurs d'opéras prétendûment classiques de l'époque même de Racine. Ces opéras pseudo-classiques, surtout ceux de Quinault et Lully dont le succès s'affirme à partir de l'année 1672, n'ont pas manqué de provoquer l'indignation du vrai humaniste qu'était Racine : ils amusaient les yeux et étourdissaient les imaginations par des spectacles surprenants, où les dieux, à l'aide des machines, descendaient de temps en temps sur la scène pour régler les conflits humains. On a même voulu expliquer la genèse d'*Iphigénie*, qui est de 1674, et celle de *Phèdre*, qui est de 1677, par cette révolte du poète humaniste contre le théâtre des ficelles. Et cela est vrai en ce sens qu'un de ses principaux soucis était de débarrasser la scène de tout ce qui était tangible, de ne rien montrer, de tout dire, ou laisser dire par les personnages : projet lié au travail intérieur du poète, à la recherche d'une forme d'art capable de se substituer à celle de la tragédie de l'antiquité.

Mais tout dire, confier l'action aux humains, ne signifie pas pour Racine renoncer à la présence sur la scène de forces invisibles qui confondent l'homme et l'écrasent sans qu'on puisse jamais traduire cette présence par des noms de divinités. Comment le poète nous en rend-il conscients ? Je dirais qu'il nous en rend conscients par les mêmes moyens qui lui servent à nous enlever toute conscience du temps réel, c'est-à-dire en nous faisant pénétrer dans un monde où à la parole et à la pensée s'ajoute quelque chose d'indéfinissable qui n'a pas d'autre nom que poésie. Et nous allons tout à l'heure tenter une expérience qui ne manquera pas de nous en convaincre.

Voici ce que je vous proposerai de faire pour vous y préparer. Posez-vous la question suivante : comment dans une tragédie parlée, où agir, c'est parler, arrive-t-on à faire avancer l'action ? Aristote aurait répondu par un seul mot grec, *dianoïa*, qui signifie *pensée, pouvoir de développer une thèse* ; et si l'on veut parcourir en quelques secondes toute l'histoire du théâtre sérieux en France à partir du xvi° siècle jusqu'à Racine on n'a qu'à suivre les fortunes de ce terme. On le traduit, au xvi° siècle par *sententia*, et on s'en sert pour justifier l'emploi des sentences dans le théâtre classique de la Renaissance [45]. Dès le début du xvii° siècle, au moment où les sentences font place à des discours qui font avancer l'action, on s'accorde à interpréter la *dianoïa* autrement. Son rôle, dit-on, n'est pas d'introduire au théâtre des délibérations, mais des discours capables d'exprimer les mouvements de l'esprit. Corneille traduit ce terme par *sentiment* — ce qui évidemment peut signifier à l'époque *pensée*, mais qui est aussi l'expression de ce que le personnage veut et ce qu'il ne veut pas. Sentiment peut aussi signifier disposition de l'esprit, ou inclination ; et lorsque Racine commente ce passage de la *Poétique* d'Aristote [46] il se sert de ce terme dans les deux sens : 1° disposition de l'esprit, inclination ; et 2° pensée qui désigne et qui fixe cette disposition. Ce sont là les deux éléments constitutifs du théâtre classique, et cette double formule traduit admirablement le rôle du discours dramatique dans la tragédie et la comédie classiques : le fait que le discours dramatique ne se sépare pas de l'action, ne s'y ajoute pas comme une sentence ou un ornement, mais au contraire la rejoint et s'y intègre : le discours devient le fond même du drame, qui lui fournit sa signification et qui en assure le déroulement dynamique.

Le théâtre de Racine nous en fournit d'excellents exemples sans qu'on ait besoin de recourir pour l'illustrer à d'autres écrivains de l'époque. Et sans quitter les deux textes sur lesquels nous nous basons dans ce cours, *Andromaque* et *Phèdre*, je vous proposerai quelques exemples qu'elles nous fournissent elles-mêmes.

Vous savez qu'*Andromaque* s'ouvre sur un double débat ; débat entre Oreste et Pyrrhus, et tout de suite après, un autre débat, entre Pyrrhus et Andromaque. Oreste vient demander à Pyrrhus la tête d'Astyanax, et le refus de Pyrrhus est un des grands modèles de l'art de lutter par la parole, se défendre et d'attaquer en même temps.

La Grèce en ma faveur est trop inquiétée.

---

45. *Principes*, p. 62.
46. Chap. VI, cf. *Principes*, pp. 13, 62.

Vous voyez tout de suite tout ce que cette réplique implique d'amère ironie. Pyrrhus commence par quelque chose qui a l'air d'un geste de reconnaissance pour la sollicitude des Grecs à son égard, et sa stratégie consistera précisément à passer de là à un refus formel, violent, fier, qui devra entraîner tout auditeur attentif à l'adhésion et ne rien laisser subsister des arguments d'Oreste. Pour ne pas trop allonger ce commentaire je vous indiquerai seulement les grandes lignes de sa composition, qui traduisent admirablement les principes de la rhétorique théâtrale de l'époque amenée ici à son plus haut point de perfection. Discours qui se compose, en dehors de l'exorde et de la conclusion, de 36 vers disposés de telle façon que l'argumentation se réduit à trois groupes de 12 vers. Elle commence au vers 180 : (*Mais à qui prétend-on que je le sacrifie ?*) et s'achève au vers 215. En quoi consiste cette argumentation, comment est-elle conçue ? D'abord 12 vers qui disent simplement que la Grèce n'a pas le droit de réclamer quoi que ce soit, qu'elle ne peut pas légalement disposer d'Astyanax qui est un prisonnier de Pyrrhus et de Pyrrhus seul ; argument théoriquement inattaquable et qui est confirmé encore par la conduite même de Pyrrhus qui lui, n'a jamais réclamé les captifs des autres. Deuxième argument : la Grèce craint qu'un jour Troie ne renaisse. Pour dissiper cette crainte Pyrrhus brosse ici un tableau de ces campagnes désertes qui sont tout ce qui reste de cette belle et puissante ville :

> On craint qu'avec Hector Troie un jour ne renaisse,
> Son fils peut me ravir le jour que je lui laisse.
> Seigneur, tant de prudence entraîne trop de soin,
> Je ne sais point prévoir les malheurs de si loin.
> Je songe quelle était autrefois cette ville...

Il va peut-être, en disant tout cela, au-delà de ce qu'exige l'argumentation proprement dite, mais c'est le droit de tout orateur dont l'objet est de convaincre par tous les moyens dont il dispose, et il n'est pas interdit d'émouvoir quand il s'agit d'entraîner l'auditeur à l'adhésion. Mais ce que Pyrrhus vise, dans cette tranche de douze vers, c'est l'argument politique dont s'était servi Oreste (*Et qui sait*, disait-il, *ce qu'un jour ce fils peut entreprendre*, vers 161 et ss.). Enfin dans le dernier groupe de 12 vers il est question de tout autre chose : il est question de l'aspect moral du problème : il est injuste de mettre à mort un enfant, même le fils d'un ennemi, en temps de paix. *Tout était juste* au moment de la prise de Troie ; mais la cruauté ne doit pas survivre à la guerre — elle doit céder la place à la pitié. Pyrrhus répond ici à un autre argument d'Oreste qui rappelait toutes les cruautés des Troyens et d'Hector en particulier pour justifier le châtiment qu'il réclamait.

Voici donc une argumentation à trois temps, construite de telle façon que l'on passe tout naturellement d'un argument juridique à un argument politique et de là à un argument moral : trois aspects du même problème. Ce qui importe surtout, c'est l'ordre dans lequel Pyrrhus les dispose : le droit, la politique, la morale, représentent ici un ordre ascendant ; et cette hiérarchie répond à une certaine conception du public auquel on s'adresse, à l'échelle de valeurs qu'on lui attribue. Il faut que l'argument le plus fort se situe tout à la fin — telle est la règle principale de l'art oratoire, règle psychologiquement juste, car l'auditeur moyen retient surtout ce qu'il vient d'entendre ; et la structure du monologue de Pyrrhus signifie simplement qu'il vise un auditeur plus sensible aux arguments qui relèvent de la morale, et pour qui ce qui compte le moins (n'est-ce pas le cas pour nous tous ?) c'est le côté juridique des choses. Et précisément parce que les arguments ne sont pas de force égale, leur disposition joue ici un rôle capital. Vous remarquerez (ceci est une parenthèse) qu'Oreste adopte l'ordre *inverse*, précisément parce qu'il sait que sur le plan moral il a moins de chance d'avoir gain de cause que sur le plan politique.

Je dis *avoir gain de cause*, car il s'agit, en principe du moins, de convaincre. Les deux adversaires cherchent en principe à *agir* les uns sur les autres. Mais ils cherchent évidemment aussi, et c'est là l'essence même du jeu dramatique, à nous le faire croire, c'est-à-dire, à nous donner au moins l'illusion qu'ils peuvent agir ainsi : ils font naître en nous l'attente d'une victoire ou d'une défaite, ils font que nous nous mettons à la place de ceux qui écoutent leur discours et nous laissent croire, pendant qu'ils parlent, qu'ils peuvent, qu'ils doivent avoir gain de cause. C'est cette agitation dramatique créée en nous par l'éloquence des personnages parlants qui fait que nous devenons spectateurs d'un drame même lorsque les personnages campés devant nous sur la scène ne font que parler, et même lorsque ce qu'ils disent n'a pas d'effet sur eux-mêmes. Oreste n'est pas convaincu, certes, par ce que lui dit Pyrrhus, mais nous songeons un instant qu'il pourrait, qu'il devrait l'être. Ce qui se passe est grave : une déclaration de guerre, ou plutôt une menace de guerre à laquelle Pyrrhus répond qu'il y consent avec joie ; il sort triomphant de ce débat, ayant acquis à nos yeux, et, il l'espère du moins, aux yeux d'Andromaque, le prestige d'un homme qui au risque d'une guerre s'oppose à l'inhumaine cruauté des Grecs ; et cette victoire morale lui permettra d'en offrir le fruit à Andromaque lorsque, quelques instants après, il lui promettra de couronner son fils dans les murs relevés de Troie.

Je me suis attardé sur ce texte, d'abord parce qu'il est très beau, et puis, et surtout, parce qu'il nous permet de saisir sur le vif un aspect important de la tragédie racinienne : son aspect discursif. On ne peut pas dire que ce soit là une réussite originale : Racine n'a fait qu'adopter une méthode élaborée bien avant lui, et qui permettait justement de faire agir les personnages par des dialogues serrés, où s'affrontaient deux adversaires armés seulement de leur pouvoir de tout dire. Cette méthode, Racine l'a certainement affirmée, nuancée, approfondie même, mais elle demeure constante à travers tout son théâtre, et se retrouve encore dans la dernière de ses tragédies, dans

Phèdre, où son rôle est loin d'être négligeable. Mais lorsque vous approchez telle ou autre scène de *Phèdre* pour savoir comment elle est faite, posez-vous la question suivante : à quoi cette scène doit-elle aboutir ? Quel changement de situation doit-elle effectuer, quels événements doit-elle précipiter ou retarder ? Et demandez-vous ensuite par quels moyens les personnages y arrivent.

Nous aurons l'occasion de parler plus tard d'Hippolyte et d'Aricie, dont Racine, vous le savez, a inventé de toutes pièces la touchante et tragique aventure ; car l'Hippolyte grec était ennemi de l'amour, et c'est ce qui explique que la déesse de l'amour, Aphrodite, se soit vengée en le faisant périr. L'invention d'Hippolyte amoureux comportait tout un développement dramatique, que Racine a très soigneusement entrelacé avec les scènes traditionnelles, empruntées à la tradition gréco-latine. Sa dette vis-à-vis de cette tradition ne dépasse d'ailleurs pas quatre scènes, dont trois sont empruntées à Euripide : I 3, IV 2, V 6 ; et une à Sénèque : II 5 — celle qu'on nomme d'habitude la scène de la déclaration. Là, Phèdre vient trouver Hippolyte et lui déclare sans hésiter sa passion. Un prédécesseur français de Racine, Garnier, dans son *Hippolyte* s'est inspiré essentiellement de Sénèque, si bien que Racine avait devant lui une tradition double : l'une où Phèdre mourait avant d'avouer son amour à Hippolyte, et l'autre où elle le lui avouait dans le dessein de le séduire ; elle paraissait même, chez Sénèque, en costume d'Amazone, de chasseresse, pour lui plaire davantage. Racine, lui, introduit la rencontre de Phèdre et d'Hippolyte, qui forme la cinquième scène de l'acte II, mais tout autrement, et nous allons essayer de voir ce qu'il en a fait.

L'acte II débute par un dialogue entre Aricie et sa confidente Ismène ; et c'est au cours de cette scène qu'Aricie, qui aime Hippolyte, se demande si maintenant elle peut espérer. L'insensible Hippolyte, comme elle l'appelle, n'a encore rien dit qui puisse faire croire qu'il aime, mais, selon Ismène, *il en a les yeux s'il n'en a le langage*, et Aricie écoute avidement ce propos qui, dit-elle, a peut-être peu de fondement. La scène suivante le confirme pourtant et d'une manière éclatante, puisqu'elle aboutit à un double aveu, le récit d'un amour qu'Hippolyte qualifie de sauvage, mais qu'il offre à Aricie en la suppliant de ne pas rejeter des vœux *mal exprimés*. Ces vœux ne sont cependant que trop bien exprimés, et exprimés de telle façon que la transition est presque imperceptible de la discussion politique qui occupe le début de la scène au chant d'amour sur lequel elle s'achève. Et c'est l'art du dialogue, l'art du discours bien gradué, où chaque parole est faite pour viser juste, pour obtenir la réplique voulue, c'est cet art exquis qui amène ici les aveux. Aricie ne sait comment dire sa reconnaissance au fils de Thésée qui lui rend la liberté — et le pouvoir :

Vous-même, en ma faveur, vous voulez vous trahir ?

N'était-ce point assez de ne me point haïr,
Et d'avoir si longtemps pu défendre votre âme
De cette inimitié...

HIPPOLYTE

Moi, vous haïr, Madame ?

Il n'en faut pas davantage pour qu'Hippolyte en protestant
contre l'idée même d'une inimitié envers celle qu'il aime, aille
trop loin en la niant, et se trahisse enfin :

Quelles sauvages mœurs, quelle haine endurcie
Pourrait en vous voyant n'être point adoucie ?
Ai-je pu résister au charme décevant... ?

(c'est-à-dire enchanteur ?)

ARICIE

Quoi, Seigneur ?

HIPPOLYTE

Je me suis engagé trop avant...

Et il ne peut plus cacher à Aricie son secret :

Madame, il faut poursuivre. Il faut vous informer
D'un secret que mon cœur ne peut plus renfermer.

Vient alors un des plus beaux aveux d'amour que connaisse
le théâtre français, où l'on sent à peine le caractère enjoué,
précieux des termes, tellement on éprouve la chose sous le
mot, et tellement les images même du langage galant deviennent transparentes :

Depuis près de six mois, honteux, désespéré,
Portant partout le trait dont je suis déchiré,
Contre vous, contre moi, vainement je m'éprouve.
Présente, je vous fuis, absente je vous trouve.

L'aveu d'Aricie, à la fin de la scène 3 est, comme celui d'Hippolyte, exprimé avec une élégance étudiée, en des termes plus
indirects encore, mais d'autant plus éloquents :

Mais cet empire enfin, si grand, si glorieux
N'est pas de vos présents le plus cher à mes yeux.

Une proposition négative suffit à dire le bonheur et la joie
qui rayonnent de chaque vers de cette idylle amoureuse.

On a souvent dit que si Racine a placé les aveux d'Hippolyte et d'Aricie juste avant ceux de Phèdre, c'est pour marquer
le contraste qui sépare la flamme noire de Phèdre de la transparente pureté d'un amour qui naît sous de si heureux aus-
pices. Or, le contraste va bien au-delà de cette opposition de
la pureté et de l'impureté, du bonheur et de la souffrance, de
la joie d'aimer et de l'horreur de vivre. Il y a là tout d'abord,
un contraste frappant entre deux façons opposées et presque
contradictoires d'amener un aveu. Tout dans la scène entre
Hippolyte et Aricie est fait pour obliger Hippolyte à se décla-
rer, toute la stratégie dialectique du poète est asservie à ce

dessein ; dans la scène où Phèdre déclare son amour à Hippolyte, tout est fait, au contraire, pour empêcher que Phèdre
se déclare. C'est une scène dialoguée, certes, mais le dialogue
change ici de fonction : au lieu de faciliter le résultat voulu,
il le rend de plus en plus problématique à mesure qu'évolue
l'échange de répliques. Lorsque Phèdre prononce ces deux
vers :

> Jamais femme ne fut plus digne de pitié,
> Et moins digne, Seigneur, de votre *inimitié*,

on ne peut s'empêcher de se rappeler ce même mot dans la
bouche d'Aricie, qui avait provoqué la réplique presque indi-
gnée d'Hippolyte : *Moi, vous haïr, Madame ?* Ici, au contraire,
ce même Hippolyte répond par des paroles aimables mais dont
chaque syllabe est faite pour raviver les douleurs et les craintes de Phèdre. Il eût été normal, dit-il, qu'elle n'éprouvât pour
lui que de la haine.

> Toute autre aurait pour moi pris les mêmes ombrages
> Et j'en aurais peut-être essuyé plus d'outrages.

Toute autre... Comment Phèdre pourra-t-elle supporter d'être
ainsi réduite vis-à-vis d'Hippolyte au rang de « toute autre » ?
    Sa réponse est un soupir de désespoir qu'Hippolyte ne peut
comprendre :

> Ah ! Seigneur, que le ciel, j'ose ici l'attester,
> De cette loi commune a voulu m'excepter !
> Qu'un soin bien différent me trouble et me dévore !

Ce *soin bien différent*, c'est aux yeux d'Hippolyte, la nouvelle
de la mort de Thésée, et sa réponse montre non seulement
qu'il n'a pas compris, mais qu'il est encore temps pour Phèdre
d'agir comme si elle n'avait rien dit :

> Madame, il n'est pas temps de vous troubler encore.
> Peut-être votre époux voit encore le jour.
> Le ciel peut à nos pleurs accorder son retour.
> Neptune le protège, et ce dieu tutélaire
> Ne sera pas en vain imploré par mon père.

Phèdre rejette cette consolation et l'idée même que Thésée
puisse être encore en vie ; mais une extraordinaire logique
poétique lui dicte ce revirement :

> Que dis-je ? Il n'est point mort, puisqu'il respire en vous.
> Toujours devant mes yeux je crois voir mon époux.
> Je le vois, je lui parle, et mon cœur... Je m'égare,
> Seigneur, ma folle ardeur malgré moi se déclare.

Hippolyte répond :

> Je vois de votre amour l'effet prodigieux.
> Tout mort qu'il est, Thésée est présent à vos yeux.
> Toujours de son amour votre âme est embrasée.

Le malentendu, ici, se manifeste par des échos, les interlocuteurs se répétant les mêmes mots, mais en les infléchissant chaque fois dans le sens opposé ; et le début de la « déclaration » de Phèdre, qui commence là, exprime en apparence une sorte de consentement à ce que vient de dire Hippolyte, mais un consentement qui n'en est pas un, puisque, — comme nous l'avons déjà vu en parlant de la structure rythmique des vers qui suivent — en les écoutant, comme en les prononçant, il est impossible de songer à Thésée. Il y a là un renversement total du système discursif, et tout ce qui précède cette tirade ne fait que retarder l'aveu, détourner Phèdre de ce à quoi tout son être tend désespérément sans qu'elle le sache, elle qui était venue parler à Hippolyte simplement pour lui demander de protéger son fils que la mort de Thésée laisse sans défense. Est-ce une déesse descendue de l'Olympe qui viendra lui souffler les mots les plus ardents et les plus tendres que l'amour ait jamais prononcées sur une scène ? Certes non. Ni les puissances divines ni celles du discours dramatique si amplement, si glorieusement développées par Racine lui-même, ne viendront au secours de Phèdre devant Hippolyte. Ces puissances abdiqueront au contraire leur pouvoir de faire de tout échange de paroles une péripétie dramatique. Jusqu'ici les voix des deux interlocuteurs, l'une suppliante, l'autre ferme, incisive, impassible, avaient parlé sans se répondre, sans jamais se rejoindre. Mais, chose remarquable : la parole ayant perdu son pouvoir d'agir sur les autres, en acquiert un autre, plus terrible, celui d'agir sur ceux qui la prononcent, de se retourner contre eux et de les entraîner vers l'abîme qui s'ouvre sous leurs pieds. Et cette métamorphose de la parole devenue source d'action et d'émotion tragique, c'est précisément ce qui instaure chez Racine ce que Valéry appelait l'*acte des Muses*, acte plus puissant que tous les dieux de l'Olympe et toutes les ressources de l'art de discourir. C'est par cet acte et grâce à lui que le poète arrive à nous communiquer le sentiment de quelque chose qui dépasse les mesures communes de l'homme, et qui, malgré lui, régit ou oriente son destin.

Thierry Maulnier et Paul Valéry ont noté l'un et l'autre cette particularité du rôle de Phèdre : son caractère *monologué* — terme qui n'existe pas dans le vocabulaire technique du théâtre mais que je me permets de forger à votre intention. Voici ce que Thierry Maulnier a écrit à ce sujet :

> Avec Phèdre la tragédie racinienne... aboutit au personnage unique, elle circonscrit à l'intérieur de la figure centrale le conflit qui jusqu'alors opposait les personnages. Pyrrhus était jeté contre Andromaque, Néron contre Agrippine, Bérénice contre Titus ; Phèdre est jetée contre Phèdre dans une œuvre furieuse de destruction de soi... Le principe de la tragédie cesse de se trouver dans le duel pour se trouver dans la contradiction. En Phèdre seule sont réunis le vertige et l'abîme, la démesure et la sanction, la chair tendre et saignante et la rugueuse fatalité ;

au fond de son propre cœur est allumée la flamme où elle va se brûler jusqu'à la mort... Le principal acteur devient le théâtre même du drame. [47]

Cette fusion du tragique, du discours et de toutes les ressources de l'art tragique n'assure pas seulement, comme le dit encore Thierry Maulnier, un plus haut degré d'unité dans l'œuvre : elle favorise et provoque même un mouvement puissant qui nous est d'autant plus sensible que nous sommes conscients à tout moment de tout ce qu'il abolit, des puissances qu'il rend inopérantes, de la forme traditionnelle qu'il dépasse mais qui est toujours là, présente dans les scènes voisines et toujours disponible. La scène se nourrit de ce contraste qui sépare et oppose les deux manières essentielles de dire et d'agir : l'une discursive, l'autre poétique.

L'aveu qui tombe des lèvres de Phèdre au bout de quelques vers, jaillit, on l'a vu, d'une vision qui l'entraîne sans qu'elle sache comment à l'abandon total, d'un rêve qui se dessine en elle au gré de ses paroles. Tout y est matière à poésie, et tout y vient en fonction des puissances poétiques. Le mot n'est plus choisi et pesé pour agir sur l'adversaire, il a désormais pour emploi principal de faire évoluer le personnage lui-même vers l'apothéose tragique sans que rien ne vienne de l'extérieur pour en modifier le mouvement. Dans la scène de la déclaration on assiste à un des plus éclatants triomphes d'une action pleinement poétisée. Certes, il y a là une progression d'étape en étape, un mouvement qui mène Phèdre de la position de départ à la phase suivante — Hippolyte remplaçant Thésée au labyrinthe, armé du fil fatal d'Ariane. Entraînée par la vision qu'elle caresse, par ces mots dont le chant la séduit :

Mais non, dans ce dessein je l'aurais devancée.
L'amour m'en eût d'abord inspiré la pensée.
C'est moi, Prince, c'est moi dont l'utile secours...

devançant Ariane, Phèdre se voit enfin seule en face d'Hippolyte, et l'hallucination se poursuit jusqu'au moment où elle écarte, dernier vestige de la légende, le *fil* qui pouvait encore la séparer de lui. La voici maintenant au bord du gouffre :

Un fil n'eût point assez rassuré votre amante.
Compagne du péril qu'il vous fallait chercher,
Moi-même devant vous j'aurais voulu marcher,
Et Phèdre au labyrinthe avec vous descendue
Se serait avec vous retrouvée, ou perdue.

On a dit que ce vers final qui semble courir à sa perte, est là pour symboliser par sa chute même l'abîme qui s'ouvre devant Phèdre, abîme de désespoir, de honte et de terreur ; prononcé à la faveur d'un seul mot — *retrouvée*, qui appelle son anto-

---

47. *Lecture de Phèdre* (1943), éd. 1967, pp. 38-39.

nyme, *perdue* — l'aveu à peine dissimulé d'une criminelle passion arrache à Hippolyte son premier cri d'horreur, et pour la première fois les deux séries de répliques et de discours se rejoignent. Mais jusque-là tout évolue indépendamment de ce que dit Hippolyte, je dirai même au mépris de tout ce que Phèdre l'entend dire. Et c'est peut-être le cas de répéter le mot de Croiset, à propos de certaines pièces de Sophocle et d'Euripide, que « l'action progresse, mais il n'est pas nécessaire... que la progression se fasse par l'action. » [48]

Action est ici employée en deux sens : *mouvement* et *événement*, mouvement dans le premier cas, événement dans le second. Ce qui est remarquable, c'est que parfois l'action-mouvement se réalise, chez Racine comme chez les Grecs, au moment même où s'arrête ce qui normalement, au théâtre, le dirige, c'est-à-dire le dialogue producteur d'événements. Dans la scène de la déclaration, ce sont les paroles de Phèdre où tout est matière à poésie qui créent l'irrésistible marche vers la première grande étape de l'action tragique — l'égarement générateur de l'aveu, l'égarement qui transforme Phèdre à ses propres yeux en un monstre affreux, qu'elle livre à la vengeance de l'être aimé :

> Venge-toi, punis-moi d'un odieux amour.
> Digne fils du héros qui t'a donné le jour,
> Délivre l'univers d'un monstre qui t'irrite.
> La veuve de Thésée ose aimer Hippolyte ?

Je n'ai pas besoin de vous rappeler qu'à la fin du premier acte, après avoir entendu le récit de la mort de Thésée — la fausse nouvelle de sa mort apportée par Panope — Œnone déclarait à Phèdre qu'elle est libre d'aimer Hippolyte et que sa flamme devient une *flamme ordinaire*.

> Votre fortune change et prend une autre face.

(« Fortune », disait-elle, et non destin, car le destin ne change pas, seule la fortune peut changer au gré des circonstances. Pour Œnone tout est lié aux circonstances, tout est contingence et voilà pourquoi pour Œnone, comme jamais pour Phèdre, tout peut se résoudre par des ruses, des accidents heureux, des jeux de fortune.)

Au moment de sa rencontre avec Hippolyte, sachant que Thésée ne vit plus, Phèdre ne s'en croit pas moins coupable, et l'horreur de *son aveu*, la douleur qu'elle éprouve à avoir prononcé ce mot fatal *j'aime*, est bien ce qu'il y a peut-être de plus révélateur dans la façon dont Racine a infléchi son rôle :

> J'aime. Ne pense pas qu'au moment que je t'aime
> Innocente à mes yeux, je m'approuve moi-même.

Qu'est-ce à dire sinon que l'événement qui aux yeux d'Œnone devait *libérer* Phèdre de tout ce que son amour pouvait avoir

---

48. V. la n. 17.

de criminel à ses yeux, est demeuré inefficace ? Refusant cette
facile détente, la douleur de Phèdre suit une courbe continue
que n'interrompt aucune pression du dehors, évolue à un niveau
où les incidents de la vie ne peuvent l'atteindre. Il y a là une
ligne souverainement soutenue d'un chant funèbre, auquel
s'ajoutera bientôt une autre voix, la voix de Thésée qui s'ins-
crira dans la même tonalité tragique, s'harmonisant avec celle
de Phèdre comme pour mieux définir le chemin « plus lent » qui
la conduira au seuil du royaume de l'insondable.

Je n'oublie certes pas le thème que j'ai essayé de définir la
semaine dernière en abordant avec vous l'étude de *Phèdre* :
que faut-il entendre, dans *Phèdre*, par la fatalité, le destin ?
Racine nous a-t-il fait sentir, dans *Phèdre*, la présence des puissances obscures qui tissent notre destin ? Et s'il nous l'a fait
sentir, comment l'a-t-il fait ? Nous savons qu'il n'a pas fait
intervenir, sauf symboliquement, les dieux de l'Olympe. Lui qui
maniait admirablement, et mieux qu'aucun de ses contemporains sauf Pierre Corneille, l'art du discours agissant qui était,
au XVIIᵉ siècle, l'instrument le plus puissant de l'action, n'a fait,
dans *Phèdre* que montrer l'inefficacité de cet instrument dans
les rencontres décisives des personnages, comme c'est le cas
dans la scène de la déclaration. Par quelles ressources secrètes
a-t-il donc remplacé celles que lui fournissaient d'une part l'antiquité et d'autre part le théâtre de son temps ? Telle est la
question à laquelle je vous incite à réfléchir, et pour éclairer
davantage notre chemin nous nous occuperons prochainement
d'un autre texte de *Phèdre*, également décisif pour l'action, celui
de la rencontre d'Hippolyte et de Thésée. Et peut-être, à l'issue
de toutes ces lectures arriverons-nous à mieux comprendre
cette phrase très brève, mais lourde de sens, que j'emprunte à
la première des tragédies bibliques de Racine, et que j'isole à
dessein de son contexte immédiat :

Elle a parlé. Le ciel a fait le reste.

(*Esther*, 1227.)

IX

On a dit beaucoup de mal de Thésée. La puissance même de ce personnage qui semble dominer de toute sa hauteur les deux derniers actes de *Phèdre* semble gêner la critique qui ne lui pardonne pas de rivaliser d'intérêt et de poids avec Phèdre elle-même et de déplacer ainsi l'équilibre de la pièce. Dans notre tradition scolaire on a coutume de traiter tout examen d'une œuvre classique comme un éloge, et l'éloge d'une pièce classique doit démontrer que la pièce est conforme à un certain canon esthétique, ce canon comportant tout d'abord le principe d'unité. Or, le rôle de Thésée tel que Racine l'a conçu, n'est-il pas contraire à ce principe ? L'unité d'action exige que tout ce qui se passe dans une pièce soit subordonné à un intérêt unique — le sort de Phèdre par exemple. Si Phèdre est le personnage central, tout ce qui n'est pas indispensable au développement de son rôle devrait, en principe, être exclu de la pièce.

On se demande d'ailleurs si l'unité d'intérêt veut dire nécessairement unité du personnage : deux ou plusieurs personnages ne peuvent-ils pas être engagés dans une « action » unique ? L'unité d'action dans *Andromaque*, où réside-t-elle ? Elle est assurée dit-on par le fait que le sort de tous les personnages dépend de la décision d'Andromaque, et chaque revirement qui se produit à la suite de telles ou autres de ses décisions signifie pour les autres personnages le passage du bien au mal ou du mal au bien. On peut même se demander si unité il y a, puisque, après tout, la conduite d'Andromaque et de Pyrrhus ne dépend ni d'Oreste ni d'Hermione ; le sort d'Antiochus dans *Bérénice* dépend évidemment de la décision de Titus, mais Antiochus n'a point de prise sur l'action qui se joue entre Titus et Bérénice. Il est dans la même situation vis-à-vis d'eux que l'Infante du Cid vis-à-vis de Rodrigue et de Chimène : son absence ne changerait rien au déroulement de l'intrigue principale.

Qu'est-ce donc que cette unité d'action tant vantée, et dont on sait que c'est la seule qui ait été vraiment exigée par Aristote ? La *Poétique* d'Aristote en parle dans deux passages bien connus : au chapitre VIII et au chapitre XXIII. C'est là que nous trouvons la célèbre formule selon laquelle l'action d'une pièce de théâtre doit être telle que l'on ne puisse rien y supprimer ni rien y ajouter sans nuire à l'ensemble. **Tout dans une** pièce bien construite doit être nécessaire et rien de ce qui est nécessaire ne doit y manquer. Encore faut-il savoir ce que signifie ce terme de « nécessaire ». Nécessaire à qui ou à quoi ? La formule ancienne qu'on cite encore assez souvent veut que tous les détails de l'œuvre dépendent d'un thème central, y soient subordonnés. En réalité, c'est tout le contraire qu'il faudrait dire [49] : pour assurer la vraie unité de l'œuvre il faut que toute action secondaire ait quelque effet sur l'action principale : c'est l'action principale qui devrait en dépendre, sans quoi l'action secondaire deviendrait un hors-d'œuvre — l'Infante dans *Le Cid* dépend justement de l'action principale, au lieu d'exercer une influence sur elle, et voilà pourquoi elle paraît inutile à l'action. Ce qui revient à dire qu'avant de parler de l'unité d'action, il faut savoir ce qu'on entend par action. Le sort de l'Infante est une action à part, et le spectateur n'a pas besoin de songer à elle lorsqu'il entend Rodrigue et Chimène dialoguer sur leurs devoirs respectifs. Le cas est à peu près pareil pour Antiochus. Dans *Andromaque* le méchanisme est un peu plus complexe, car pour justifier la présence d'Oreste et d'Hermione on peut se dire qu'il y a là deux foyers d'action liés l'un à l'autre : Andromaque et Hermione, et que le deuxième foyer devient actif lorsqu'un revirement déterminé par le premier — le retour décisif de Pyrrhus à Andromaque — le met en marche. L'unité dans le cas d'*Andromaque*, est une unité d'interdépendance, de continuité d'action plutôt qu'une unité de centralisation, de refus d'ajouter quoi que ce soit au centre unique. Et pour en revenir à *Phèdre*, en quoi est-ce au fond une pièce *unifiée* ? Qu'est-ce qui en fait l'unité ?

Je vous rappelle que la *Phèdre* de Racine est sortie d'une longue tradition légendaire et dramatique dont le centre avait été d'abord Hippolyte et Hippolyte seul, personnage qui avait offensé une déesse et que cette déesse a puni pour son audace. Autrement dit, le sujet de la pièce était la mort d'Hippolyte, une mort pathétique et tragique au sens grec du terme, puisque la catastrophe y avait été amenée par la *démesure* d'Hippolyte, ce que les Grecs appelaient *hybris*, sa fierté si l'on veut, son excès de confiance dans sa manière de vivre qui était un affront à Aphrodite, déesse de l'Amour. Déjà, chez Sénèque, on constate un certain déplacement de l'intérêt vers Phèdre, dont l'auteur latin avait prolongé la vie pour lui permettre de rencontrer Hippolyte et lui avouer sa passion ; si bien que la pièce de Sénèque avait deux titres : on l'appelait tantôt *Phèdre*, tantôt *Hippolyte*. Influencée en partie par une pièce perdue d'Euripide, en partie par la quatrième *Héroïde* d'Ovide, la Phèdre de Sénèque ne meurt pas à cause d'Hippolyte. C'est lui qui meurt à cause d'elle. Il y a là une scène curieuse, où elle repousse le costume de ville qu'on lui présente parce qu'elle veut le costume

49. Cf. J. Scherer, *La dramaturgie classique en France*, s.d., pp. 101-02. — N. de l'Editeur.

et la coiffure de l'Amazone. Elle se déclare non par lettre, mais oralement, dans cette scène audacieuse de la déclaration où l'on peut voir le germe de la scène correspondante chez Racine, scène pleine de détours et de phrases à double entente comme la sienne, mais où aucun scrupule n'arrête l'aveu, aucune conscience de la faute. Dès le début, la Phèdre latine se croit veuve, et si faute il y a, un remariage pourra l'effacer. Si le remords entre dans ses mobiles de suicide, il y est sensiblement dilué. Elle meurt pour son amour, pour rejoindre Hippolyte dans la mort. « A travers les fleuves et le feu éperdument je te suivrai », s'écrie-t-elle (*per amnes igneos amens sequar*, 1180). Quant à Hippolyte, il est, chez Sénèque, le compagnon, l'adorateur de Diane, déesse de la chasse ; il voit dans la femme le diable de la création ; et il a vis-à-vis de Phèdre une attitude de dégoût presque physique, un sentiment de souillure qu'il traduit avec une énergie grandiloquente dont nous retrouverons des échos chez Racine. « Où me laver ? dit-il. Le grand maître des ondes lui-même ne pourrait effacer un tel crime avec l'océan tout entier ». Chez Racine il dira :

> Théramène, fuyons, ma surprise est extrême.
> Je ne puis sans horreur me regarder moi-même.
> Phèdre... mais non, grands dieux ! Qu'en un profond oubli
> Cet horrible secret demeure enseveli.

On a reproché à Racine d'avoir fait Hippolyte amoureux. Et en effet, ce qui cause sa perte dans la légende c'est son *refus* d'aimer. Comment alors le rendre amoureux et le faire périr quand même ? Et surtout, comment éviter d'abolir ainsi le *tragique* de la pièce ?

Racine y a réussi en faisant deux choses : (a) en déplaçant le foyer du tragique d'Hippolyte à Phèdre et à Thésée et (b) en en modifant le caractère, et en introduisant, en établissant un rapport très particulier entre les deux points cardinaux de l'action tragique : l'erreur et la découverte. Un homme offense une déesse et elle le punit — voilà qui est simple, pathétique si l'on veut, mais en réalité sans profondeur, puisque tout dépend ici d'un acte qui en appelle un autre. Chez Racine l'acte premier, celui qui déclenche le mécanisme tragique, se fait parole ; c'est de la parole qu'il jaillit, ou plutôt c'est la parole même qui devient acte, la parole qui est à la fois expression d'un état d'âme et événement qui précipite l'action. Et c'est à la faveur de cette nouvelle conception du tragique que Racine, tout en conservant l'enveloppe traditionnelle du mythe d'Hippolyte, a trouvé un nouveau centre de gravité qui n'est plus le sort d'Hippolyte, mais celui de Phèdre et celui de Thésée. Je résiste à la tentation de refaire après tant d'autres le voyage passionnant à travers toutes les versions de la légende qui s'interposent entre Sénèque et Racine : Garnier, La Pinelière, Gilbert. Je voudrais insister sur un point seulement : le déplacement du centre d'intérêt. Car il ne faut pas prendre tout à fait au sérieux l'apologie du rôle d'Hippolyte que l'on trouve dans la *Préface* de Phèdre. Vous vous rappelez ce passage célèbre et qui induit en erreur tant de lecteurs trop crédules :

> J'ai cru devoir lui donner [à Hippolyte] quelque faiblesse qui le rendrait un peu coupable envers son père sans pourtant lui rien ôter de cette grandeur d'âme avec laquelle il épargne l'honneur de Phèdre et se laisse opprimer sans l'accuser. J'appelle faiblesse la passion qu'il ressent malgré lui pour Aricie, qui est la fille et la sœur des ennemis mortels de son père.

Il est exact que Thésée, craignant la vengeance des descendants d'Erechthée, a défendu à Aricie de se marier et il est donc vrai que l'amour d'Hippolyte pour Aricie constitue aux yeux de Thésée un crime de haute trahison. Mais ce que Racine ne dit pas, c'est que ce crime, si crime il y a, n'a aucun rapport avec le châtiment que Thésée inflige à son fils : je dirai même qu'au contraire, si Thésée livre Hippolyte à la vengeance de Neptune et le condamne ensuite à l'exil, c'est parce qu'il ignore les sentiments d'Hippolyte pour Aricie et refuse d'y croire quand Hippolyte les lui avoue :

> Tu l'aimes ? Ciel ! Mais non, l'artifice est grossier,
> Tu te feins criminel pour te justifier.

Hippolyte, résolu à ne pas trahir Phèdre, pense qu'il peut se disculper aux yeux de Thésée sans la mettre en cause, en lui disant simplement qu'il aime Aricie. Si seulement Thésée y ajoutait foi, Hippolyte serait acquitté. Son amour pour Aricie n'est donc pas cette faiblesse qu'Aristote demande dans les personnages de tragédie. Cette faiblesse, selon Aristote, doit être toujours quelque chose qui a un certain rapport avec le dénouement, quelque chose qui contribue à mettre en mouvement le mécanisme de la fatalité tragique, ce qui visiblement n'est pas le cas. Hippolyte, chez Racine, périt victime des autres et non de sa « faiblesse », et voilà pourquoi sa mort, pathétique si l'on veut, n'est pas une mort tragique au sens strict du terme.

Mais cette mort, comme l'amour d'Hippolyte pour Aricie, a une autre fonction dans la pièce, dans la mesure où elle s'inscrit dans le rôle tragique de Thésée qui en est la cause immédiate, et dans le rôle de Phèdre qui en est la cause première. Pourquoi Racine a-t-il voulu rendre Hippolyte amoureux d'Aricie ? Pour une raison que le vocabulaire critique de son temps, je dirai même l'esthétique officielle de la tragédie, ne lui permettait pas d'exprimer. Il fallait qu'Hippolyte ne fût pas *insensible* ; il fallait que Phèdre fût à même de dire :

> Hippolyte est sensible et ne sent rien pour moi.

Il fallait qu'à la douleur première s'en ajoutât une autre, la douleur de se savoir repoussée en faveur d'une autre :

> Ah ! douleur non encore éprouvée !
> A quel nouveau tourment je me suis réservée !
> Tout ce que j'ai souffert, mes craintes, mes transports,

> La fureur de mes feux, l'horreur de mes remords,
> Et d'un refus cruel l'insupportable injure,
> N'était qu'un faible essai du tourment que j'endure.

Toute la scène de l'acte IV qu'on appelle la scène de la jalousie — la scène 6, qui vient tout de suite après le dialogue avec Thésée où Phèdre apprend qu'Hippolyte aime Aricie — cette grande scène sans laquelle la tragédie de Phèdre ne serait pas ce qu'elle est, est motivée par la découverte de l'Hippolyte *sensible*, et justifie pleinement par-là l'invention d'une intrigue qui n'a pas d'autre objet que de retourner le couteau dans la plaie ; non de motiver des événements ou des actes, mais d'approfondir des états d'âme qui sont la matière même de l'action tragique intériorisée.

Il y a dans la *Lecture de Phèdre* de Thierry Maulnier un beau passage où il dit que la pièce tout entière se réduit pour lui à un discours sans interlocuteurs, où nous ne retenons que la voix angoissée de l'héroïne. Pour Thierry Maulnier Phèdre est entourée de fantômes, et Thésée ne paraît sur la scène « que pour proclamer noblement des sentiments d'une simplicité de mélodrame, raconter ses exploits, s'étonner des mystères qui l'assiègent, accueillir son malheur avec des bras levés au ciel et des exclamations, poursuivre son fils de malédictions qui sont un reflet bien affaibli des incantations farouches de Clytemnestre ».[50] Tout cela, je me permets de le dire tout haut, est faux, et cette attitude vis-à-vis de Thésée rejoint, à l'insu même de l'auteur, la vieille tradition scolaire qui refuse d'accorder à Thésée la place qui lui revient de bon droit dans l'œuvre de Racine. On a tout fait, en effet, pour découronner ce rôle, précisément parce qu'on risquait autrement de se trouver devant deux foyers d'action au lieu d'un seul et de détruire ainsi un des articles de foi de notre catéchisme scolaire : le génie d'un auteur de tragédie *doit* se concentrer sur un seul thème, et tout ce qui risque de l'en distraire doit être à tout prix écarté. D'où les innombrables bêtises que les critiques les plus sérieux (Jules Lemaître, par exemple) ont dit à propos de Thésée. Je me rappelle encore que dans le texte de *Phèdre* dont on se servait au lycée du temps où je faisais mes études secondaires — c'était le texte édité par Bernardin — il y avait une note qui m'a beaucoup frappé à l'époque. Le grand monologue de Thésée dans la scène avec Hippolyte commence par ces vers superbes :

> Perfide, oses-tu bien te montrer devant moi ?
> Monstre, qu'a trop longtemps épargné le tonnerre,
> Reste impur des brigands dont j'ai purgé la terre...

Et à propos de ce dernier vers, notre édition disait : « Thésée est un peu Marseillais. » Pourquoi ? Parce qu'en disant qu'il a purgé la terre des brigands il exagère. Vous voyez jusqu'où

---

50. *Lecture de Phèdre*, pp. 40, 47.

peut aller l'incompréhension, pour ne pas dire la bêtise, des commentateurs qui voient la chose à travers leurs préjugés traditionnels. Mais quoi qu'en disent les critiques, le fait est là, incontestable : Racine a fait d'un Thésée qui n'était qu'un *instrument* de la vengeance d'Aphrodite, un personnage qui agit en vertu des sentiments qui l'agitent, et qui en agissant ainsi crée lui-même son malheur.

Dans la pièce grecque, Thésée livrait son fils à Poséidon (c'est-à-dire à Neptune) au moment même où il achevait la lecture de la lettre accusatrice que Phèdre avait laissée avant de se donner la mort. A peine Thésée avait-il achevé la lecture de cette lettre, qu'il levait les bras vers le dieu vengeur. Aucune préparation, aucun travail intérieur, aucun développement poétique ne séparait ces deux moments. Un geste automatique, irréfléchi, réglait le sort d'Hippolyte.

Et ce n'est pas une des moindres réussites de Racine que d'avoir suppléé à l'insuffisance de cette scène, de l'avoir remplacé par un des plus beaux mouvements poétiques qu'on ait jamais vus au théâtre. Une longue et délicate préparation précède la scène de l'acte IV où Thésée prononce son appel au dieu vengeur : une préparation qui prend la forme d'un premier dialogue entre père et fils — mystérieuse parenthèse qui s'ouvre au gré d'un destin insondable :

> Que vois-je ? Quelle horreur dans ces lieux répandue
> Fait fuir devant mes yeux ma famille éperdue ?
> Si je reviens si craint et si peu désiré,
> O ciel, de ma prison pourquoi m'as-tu tiré ?

Angoisse qui inspire à ce héros intrépide revenu de l'autre bord, des soupçons cruels et la soif d'une nouvelle vengeance. Mais ce n'est là qu'un prélude : Thésée éprouve toute la terreur qu'inspire son retour, et de cette terreur va naître le grand mouvement qui engloutira tous les personnages qui l'entourent : mouvement vers l'*égarement* de Thésée qui se produit sans aucune intervention du dehors, indépendamment de ce que disent les autres personnages.

L'acte IV débute par la scène de la calomnie, que nous n'entendons d'ailleurs pas, car la scène débute *in medias res* : Œnone a déjà dit à Thésée ce qu'elle avait à lui dire, elle a déjà accusé Hippolyte, et la scène débute par ce cri d'horreur :

> Ah ! qu'est-ce que j'entends ? Un traître, un téméraire
> Préparait cet outrage à l'honneur de son père !
> Avec quelle rigueur, destin, tu me poursuis !

Et tout ce que dira Œnone dans cette première scène sera d'une ambiguïté voulue :

> Seigneur, souvenez-vous des plaintes de la Reine.
> Un amour criminel causa toute sa haine.

Elle n'a plus de mensonges à dire, puisqu'elle a déjà tout dit, et Racine épargne ainsi à son public de voir sur la scène s'ac-

complir une action dont la bassesse risquait de le choquer.
Mais enfin, Thésée sait le crime qu'on impute à son fils, il ne
doute pas de la parole d'Œnone, il y croit. Et cependant, chose
remarquable, la calomnie ne produit aucun effet matériel
immédat : Thésée n'agit pas. Et même en voyant Hippolyte il
ne fait d'abord que reculer d'horreur au lieu d'agir ; et ce
qu'il y a de si remarquable dans le discours sur lequel s'ouvre
la grande scène de l'acte IV, c'est qu'à bien l'écouter, on voit
que Thésée espère pouvoir éviter l'acte meurtrier qui eût coûté
la vie à Hippolyte, qu'il s'interdit même toute violence, qu'il
conjure Hippolyte de fuir son courroux : une fois éloigné de
Trézène, Hippolyte échappera au châtiment irréparable que le
père irrité craint de lui infliger :

> Fuis, traître, ne viens point braver ici ma haine
> Et tenter un courroux que je retiens à peine.

Le grand problème, le problème capital du rôle de Thésée est
le suivant : comment se fait-il que quelques instants après il
lance à Neptune cet appel déchirant :

> Je t'implore aujourd'hui. Venge un malheureux père...
> Etouffe dans son sang ses désirs effrontés,
> Thésée à tes fureurs connaîtra tes bontés.

Lui qui cherchait à écarter la menace d'un coup mortel, le
porte ici lui-même, sachant qu'une parole suffit à mettre en
branle le terrible appareil des vengeances célestes.
   Pour connaître le sens de ce geste et surtout sa conception
poétique chez Racine il faut d'abord comprendre ceci : Racine
a fait de Thésée un personnage plus conforme que le Thésée
d'Euripide à la conception grecque du personnage tragique. Il
a ajouté à son rôle précisément ce qui lui manquait chez Euripide, la préparation du geste tragique, le mouvement qui mène
à l'égarement tragique, à ce qui peut légitimement s'appeler
l'acte tragique. Et cette préparation, il a voulu la situer dans
les paroles mêmes que prononce Thésée, dans la façon dont se
manifeste la terreur qu'il éprouve, la violence de son ressenti-
ment, l'impétuosité même de sa réaction devant l'horreur
répandue sur toute sa maison. Et c'est à la faveur du mouvement poétique sous-jacent que se réalise ici un de ces miracles
raciniens qui le situent bien au-dessus de tous les poètes-dra-
maturges de son temps sinon de tous les temps : miracle qui
consiste à faire évoluer le personnage vers un état qui est le
contraire de ce que lui dicte la raison et le contraire même de
ce que disent littéralement les paroles qu'il prononce.
   Vous vous rappelez que l'aveu de Phèdre à Hippolyte
commence par un aveu à Thésée :

> Oui, Prince, je languis, je brûle pour Thésée.
> Je l'aime.

Et puis, une puissance mystérieuse amène Phèdre, par étapes
successives, au gré d'un rêve qui se dessine en elle, à la phase

décisive de cette scène : non à cause de ce que lui dit Hippolyte, mais en dépit de ce qu'il lui dit ; non à cause de ce que
Phèdre se dit à elle-même mais en dépit de ce qu'elle se dit.
Quelle est donc cette puissance secrète qui provoque d'une
part l'aveu de Phèdre et d'autre part le geste meurtrier de Thésée, c'est-à-dire les deux grands exemples d'égarement tragique
sur la scène racinienne ? Quelle est cette force aveugle, irrésistible, qui pousse Thésée à immoler son fils, cette force contre
laquelle il semble lutter désespérément lorsqu'il ordonne à Hippolyte de fuir sa colère pour parer au coup du destin ? Pour
le savoir, il faut se rendre attentif non seulement au sens littéral, brut, des paroles de Thésée, mais à ce qui s'ajoute à ce
sens, à ce que Mallarmé aurait appelé leur sens *essentiel* qui
leur confère une valeur tout autre, et sans laquelle l'acte tragique de Thésée eût été à peine concevable. Vous le sentirez peut-
être sans que je vous l'explique, simplement en écoutant ces
quelques vers et en découvrant par vous-mêmes ce qui les
domine poétiquement :

Perfide ! Oses-tu bien te montrer devant moi ?

Avez-vous remarqué, comment, tout en s'interdisant d'agir, Thésée ne cesse d'évoquer, dans chaque reprise du thème de la
fuite, l'horreur de la souillure, comment il recrée à ses propres
yeux l'éternel opprobre que seul le sang d'Hippolyte pourra
venger ? Ce qui domine ces vers, c'est cet horrible aspect d'Hippolyte qui obnubile la conscience de Thésée et précipite l'acte
même qu'il semblait condamner.

Fuis, dis-je, et sans retour précipitant tes pas
De ton horrible aspect purge tous mes Etats.

Minute terrible où triomphe une fois de plus cet art souverain
qui jette les personnages par le seul effet de ce qu'ils disent,
dans l'égarement total. La parole meurtrière jaillit enfin de ce
mouvement, semblable à une vague furieuse qui se brise à son
sommet :

Et toi, Neptune, et toi, si jadis mon courage...

On n'a peut-être pas suffisamment insisté sur le fait que cet
acte décisif de Thésée, cette condamnation sans appel possible
d'Hippolyte, vient à la suite d'un monologue et non d'un dialogue, lequel suit la condamnation au lieu de la précéder. A la
suite de ce dialogue Thésée condamne Hippolyte à l'exil, mais
nous savons qu'il l'a déjà condamné à mort. Hippolyte le sait-
il ? A-t-il entendu la prière à Neptune ? Nous l'ignorons. En
tout cas, il n'y répond pas directement — il répond à l'accusation portée contre lui, mais non pas à l'invocation adressée à
Neptune qu'on prononce généralement le dos tourné à Hippolyte, comme s'il ne devait même pas l'entendre. Le dialogue qui
suit est un échange violent de coups et de contre-coups, comme
doit l'être tout dialogue dramatique, mais il ne sert en fin de

compte qu'à éloigner Hippolyte de Trézène, non pas à le livrer
à Neptune.

Qu'est-ce à dire sinon qu'ici, exactement comme dans le cas
de Phèdre, Racine se fie aux ressources de son langage pour
amener l'acte décisif, le crime involontaire, — aveu dans le
cas de Phèdre, meurtre d'un fils innocent dans le cas de Thésée ? Symétrie profondément significative qui situe ces deux
personnages au même niveau du pathétique, puisque l'un
comme l'autre suit la courbe réservée aux seuls acteurs de la
haute tragédie. L'un et l'autre commettent la « faute » génératrice de terreur et de pitié, qui s'intègre dans leur nature même
et leur fait porter en eux-mêmes le principe de leur malheur. Ce
ne sont pas tout simplement des gestes inconsidérés d'un personnage choisi arbitrairement par le destin. La faute tragique
à force d'être poétiquement transcrite se voit appelée à une
vie nouvelle. En humanisant les personnages elle les introduit
dans notre pensée, dans notre sensibilité et pour tout dire
dans notre vie profonde. Et il n'y a peut-être pas de meilleure
introduction à l'étude de *Phèdre* que la célèbre anecdote rap-
portée par l'abbé de la Porte dans ses *Anecdotes dramatiques* :

> J'ai entendu raconter par Mme de La Fayette, dit l'abbé de
> Saint-Pierre, que dans une conversation Racine soutint qu'un
> bon poète pouvait faire excuser les plus grands crimes et
> même inspirer de la compassion pour les criminels. Il
> ajouta qu'il ne fallait que de la fécondité, de la délicatesse,
> de la justesse d'esprit, pour diminuer tellement l'horreur
> des crimes de Médée ou de Phèdre qu'on les rendrait aima-
> bles aux spectateurs au point de leur inspirer de la pitié
> pour leurs malheurs.

Et l'abbé de la Porte ajoute :

> Comme les assistants lui nièrent que cela fût possible, et
> qu'on voulut même le tourner en ridicule pour une opinion
> si extraordinaire, le dépit qu'il en eut le fit résoudre à entre-
> prendre la tragédie de *Phèdre*.

Voilà à peu près tout ce que nous savons de la vraie genèse
de *Phèdre*. Tenons bien compte en lisant ce texte de l'extraordinaire pauvreté du vocabulaire critique de l'époque : fécondité,
délicatesse, justesse d'esprit, voilà tout ce qu'on pouvait dire
à l'époque de Racine pour décrire les prestiges de sa poésie.
Mais à travers les insuffisances de cette terminologie nous ne
manquerons pas de distinguer une pensée très précise qui situe
le secret de l'œuvre dans le domaine poétique et non ailleurs.
C'est parce que le rôle de Thésée s'inscrit tout entier dans ce
domaine qu'il devient non seulement convaincant en lui-même,
mais indispensable à la structure poétique de l'œuvre, et que
loin de nuire à son unité il réalise au contraire, joint à celui de
Phèdre, une unité plus profonde, plus réelle, qui est l'unité de
ton et de coloration. Thésée est pour Racine un foyer d'action
qui est lié à cet autre foyer, représenté par le rôle de Phèdre.

Leur développement parallèle, loin de nuire à l'unité de l'impression, la renforce au contraire, par l'effet d'un contrepoint qui fait que chacun des deux mouvements ajoute à l'autre une profondeur nouvelle de crainte et de pitié.

Nous nous occuperons prochainement de l'étape suivante du rôle de Phèdre et de Thésée, de celle qui, par opposition à l'égarement auquel nous venons d'assister, pourrait s'appeler la reconnaissance tragique ; étape qui commence pour l'un comme pour l'autre au beau milieu de ce quatrième acte de la pièce dont nous venons de lire le début. Et nous verrons que la plupart des reproches que les « profanes amateurs de spectacles frivoles » ont fait à Racine, et notamment ceux qui s'adressent par exemple au récit de Théramène dans l'avant-dernière scène de la tragédie, tiennent à une incompréhension profonde de la structure poétique de l'œuvre, où le chemin douloureux de Thésée qui le mène à la découverte de son malheur, est inséparable de ce subtil contrepoint tragique que confirme l'étude de l'œuvre entière. Car le récit de Théramène, après tout, c'est la découverte de la vérité — ou plutôt des deux vérités que l'égarement de Thésée lui avait cachées : l'innocence d'Hippolyte et la profondeur de l'amour paternel. Découverte qui se résume par ce dernier cri de détresse :

A quels mortels regrets ma vie est réservée !

X

Toute l'œuvre tragique de Racine n'est en somme qu'une merveilleuse synthèse de ces deux formes d'action qui s'harmonisent, on ne sait comment, bien qu'elles répondent à deux manières distinctes de penser, d'agir et je dirai même de vivre : le dialogue et le monologue.

Nous avons vu que la scène entre Hippolyte et Aricie est un dialogue en règle où les vœux « mal exprimés » de jeune chasseur le sont très bien au contraire. Il prétend parler *une langue étrangère*, celle d'un amour qu'il n'a jamais encore connu :

Mais l'offrande à vos yeux en doit être plus chère,
Songez que je vous parle une langue étrangère,
Et ne rejetez pas des vœux mal exprimés
Qu'Hippolyte sans vous n'aurait jamais formés.

Et en un sens, il dit vrai : non seulement sans Aricie il n'aurait jamais formé ses vœux d'amour, mais jamais autrement qu'à l'aide d'un dialogue avec elle il n'aurait su les prononcer. C'est là, si l'on veut, la justification même de la forme dialoguée qui se charge ici de faire avancer l'action.

Nous avons vu également que cette juxtaposition des deux formes opposées, dialogue et monologue, se trouve dans les deux scènes capitales de la pièce : celle de la déclaration de Phèdre et celle de la prière de Thésée à Neptune. Dans l'un comme dans l'autre, en partant d'un original ancien Racine l'a profondément modifié, en y introduisant précisément cette forme d'action intériorisée que j'appelle monologue.

— Une brève parenthèse, ici, pour expliquer mon emploi de ce terme : selon la doctrine stricte le monologue est un discours prononcé par un personnage qui est seul en scène et qui se parle en quelque sorte *à lui-même*. Je crois qu'il est légitime d'élargir cette définition et de considérer comme monologues les discours où le personnage n'est pas seul, mais où il parle comme s'il l'était, sans attendre une réponse, en s'examinant, en se déclarant, en cherchant, si l'on peut dire, la réponse *en lui-même*. —

C'est ce genre de monologue qui, dans les scènes dont nous avons déjà parlé, partage l'action avec le dialogue : c'est ce genre de monologue qui sert chez Racine à amener l'accomplissement d'un destin : c'est lui qui amène Phèdre au bord de l'abîme et c'est lui encore qui coûte la vie à Hippolyte, car si

Hippolyte meurt, ce n'est pas parce que son père irrité, exaspéré par la certitude de sa culpabilité, le condamne à l'exil ; c'est parce qu'avant même l'échange de répliques qui constitue leur dialogue, Thésée le livre, dans un monologue, à la vengeance de Neptune.

La scène est suivie d'un bref monologue, un des plus dynamiques et des plus révélateurs de toute la pièce, et qui constitue le point de départ d'un nouveau mouvement : après l'*égarement* de Thésée vient la *reconnaissance* de la vérité que dans son accès de fureur il n'avait pas pu discerner. Lorsqu'on parle de la lucidité des personnages raciniens on oublie trop souvent que cette lucidité leur est très strictement mesurée. Il n'est pas exact de dire, comme le fait Thierry Maulnier par exemple, que les personnages de Racine ont « cette extraordinaire possession de soi que l'homme n'acquiert que dans les mouvements du cœur les plus violents, et à l'approche de la mort ». Il n'est pas vrai de dire qu'en se précipitant dans la catastrophe ils aient « le loisir d'en mesurer l'étendue ». [51] Non, ils n'ont justement pas ce loisir : ni Hermione, ni Thésée, ni Phèdre ne mesurent l'étendue de la catastrophe dans laquelle les précipitent leurs propres paroles. Bien au contraire, ils abolissent, au profit de l'illusion qui les perd, la clarté du regard logique et la mesure exacte de leur comportement : ils demeurent, dans leur aveuglement, tout proches de la conception primitive, grecque, de l'erreur tragique commise par des êtres élus, égarés par la volonté des dieux vengeurs. La découverte de l'erreur constitue un mouvement à part, qui suit l'égarement quelquefois immédiatement, et d'une façon tellement brusque et précipitée qu'on peut même se représenter ce mouvement comme une suite ou une conséquence naturelle de l'autre : on peut, en effet, dans plusieurs cas retrouver un développement continu qui relie ces deux états l'un à l'autre. J'ai employé une fois en parlant de ces problèmes le terme de modulation qui signifie en musique le passage d'une tonalité à une autre sans rupture de la phrase harmonique, sans solution de continuité, où tout se passe comme si une tonalité se dégageait d'une autre par un mouvement naturel et tout intérieur. La reconnaissance, chez Racine, a souvent ce caractère de passage immédiat, naturel, d'un état à un autre, sans qu'aucun élément extérieur vienne le déterminer. Et nous allons voir la mise en œuvre et l'extraordinaire puissance de ce procédé dans les quelques scènes qu'il nous reste à lire entre le début de l'acte IV de *Phèdre* et son dénouement.

Mais avant d'en venir là, je crois qu'il serait utile d'ouvrir ici encore une parenthèse qui aura peut-être l'avantage de nous distraire un peu : une parenthèse sur l'histoire du monologue au XVIIe siècle, sujet qu'on n'a pas beaucoup étudié jusqu'ici.

Nous constatons d'abord ce fait très remarquable : la place énorme qu'occupe le monologue [52] dans la littérature dramatique

---

51. *Racine*, 1947, pp. 196-97.
52. Cf. Scherer, *op. cit.*, pp. 256-60.

du début du siècle. En moyenne, on en trouve entre 15 et 20 dans chaque pièce, et ils sont parfois d'une longueur démesurée : il y en a qui comptent jusqu'à 100 vers. Dans le *Pyrame et Thisbé* de Théophile il y en a même un qui en compte 169.

A quoi servent-ils, ces immenses morceaux d'éloquence solitaire ? (Car ici, je ne parle que des discours prononcés par des personnages que seul le public écoute.) Ils servent à amorcer soit la pièce tout entière, soit une scène ou un acte. Il y en a un exemple typique dans une pièce d'Alexandre Hardy qui s'appelle *La force du sang*. Au début du deuxième acte les deux personnages principaux, Alphonse et Léocadie, sont ensemble. Mais ils ne se parlent pas. Léocadie est évanouie, et cela permet à Alphonse de monologuer et de nous exposer ses projets. Puis, la jeune fille revient à elle et parle à son tour. Enfin, le dialogue s'engage, mais (c'est presque la règle du jeu) le monologue a déjà annoncé ce que le dialogue va nous apprendre sous une autre forme. Et aussi longtemps qu'on ne cherche pas à faire du discours un instrument de l'action, aussi longtemps que le discours n'en est que le commentaire, comme il l'était au moyen âge, il peut durer indéfiniment, la scène peut être occupée pendant de longs moments par un récitant unique. Les écrivains du début du XVIIᵉ siècle, comme ceux du siècle précédent, sont d'ailleurs plus sensibles à la chose écrite qu'aux réalités scéniques : ils cherchent moins à faire agir qu'à faire parler, ils n'ont pas encore appris à faire agir les personnages en les faisant parler.

Ce cera là la grande découverte du deuxième quart du XVIIᵉ siècle, celle que d'Aubignac résumera en disant que *parler c'est agir*. [53] D'où l'offensive qui va se déclencher dès le milieu du siècle contre le monologue. « On le critiquera d'autant plus qu'on l'aura plus aimé. On le jugera invraisemblable, on ne l'admettra que s'il n'est pas trop long, ni trop fréquent : on ne le trouvera justifié que si celui qui le prononce est en proie à une passion violente. » [54]

Corneille dira, en 1660, que « quand un acteur parle seul... il faut que ce soit par les sentiments d'une passion qui l'agite et non pas par une simple narration » [55] (*par* veut dire ici « à cause de », « en raison de »). Quelques années plus tard, en 1671, Charles Sorel sera plus formel encore : il dira que les gens qui ont coutume de parler seuls ne sont pas « des hommes sages, mais plutôt des fous ». Il admet toutefois les monologues dans les scènes de grande passion. [56] Diderot, au siècle suivant, pensera de même que si le monologue est « tranquille, il est contre la vérité ». [57] Quant aux auteurs dramatiques eux-mêmes, ils semblent bien être tout à fait de cet avis. La répartition des

53. *La pratique du théâtre*, 1657, éd. Martino, 1927, p. 282.
54. Scherer, *loc. cit.*
55. *Discours du poème dramatique*, *Théâtre complet*, t. I, éd. G. Couton, 1971, p. 29.
56. *De la connaissance des bons livres*, pp. 207-08, cit. Scherer, *l.c.*
57. *De la poésie dramatique*, XVII, cit., *ibid.*

monologues chez Corneille est significative à cet égard. Dans les onze pièces antérieures à *Polyeucte* on compte 115 monologues, donc en moyenne dix par pièce ; dans les vingt-et-une pièces postérieures à *Polyeucte* (c'est-à-dire à 1644) on n'en relève que 33, c'est-à-dire en moyenne une ou deux par pièce, et encore la plupart d'entre eux sont très brefs. Dans l'*Examen* de *Cinna*, écrit beaucoup plus tard que la pièce, Corneille dira : « C'est ici la dernière pièce où je me suis pardonné de longs monologues. »

A quoi tient ce brusque changement d'attitude et de méthode de composition ? Je viens de dire qu'on admettait toujours les monologues, dans la seconde moitié du siècle, là où il s'agissait de représenter quelque action violente : on croyait que quand on est très agité on s'entretient naturellement avec soi-même. Or ceci n'est certainement pas vrai : les gens qui ont coutume de se parler le font tout aussi bien quand rien ne les agite. Et en réalité si les monologues violents sont admis, ce n'est pas parce qu'ils sont plus fréquents dans la vie, mais parce que dans un monologue violent la parole devient elle-même active : l'acteur se voit amené à engager en lui-même quelque chose qui ressemble à un débat. C'est d'ailleurs ce que dit un des théoriciens du théâtre au XVIIIᵉ siècle, Jean-Marie Clément : dans le cas où le personnage est agité de divers sentiments, affirme Clément, les passions « se croisent et se combattent » en lui, et font du discours « un véritable dialogue ».[58] Cette remarque est bien tardive, je le sais ; elle n'en exprime pas moins l'attitude des écrivains et du public, de l'époque de Louis XIV, qui admettaient le monologue dans la mesure où il faisait dialogue ; car c'est vers le dialogue qu'évolue l'art dramatique français à partir du jour où l'on y découvre un instrument de conquête et d'action.

Or, voici qu'avec Racine tout change. Les historiens du théâtre nous disent en effet que Racine occupe dans l'évolution du monologue une place exceptionnelle. « Alors que les tragiques contemporains, et notamment Quinault, n'utilisent pas ou presque pas le monologue, il fait, lui, un emploi assez important de ce ressort dramaturgique... A l'exception d'*Athalie*, toutes ses pièces comportent des monologues, parfois assez longs : il y en a sept dans *Bajazet* et autant dans *Iphigénie*. »

Et comment les historiens des lettres expliquent-ils ce renouveau du monologue chez Racine ? Il serait tentant, disent-ils, de l'expliquer « par l'intérêt qu'il portait à ses interprètes... féminines ». J'emprunte cette belle formule à un livre d'ailleurs très sérieux, celui de Jacques Scherer sur la dramaturgie classique en France. Et c'est encore Jacques Scherer qui explique *pourquoi* il ne faut pas se laisser séduire par cette explication. Parce que, dit-il, les statistiques s'y opposent : le rôle d'Andromaque joué par une des maîtresses de Racine, Mlle du Parc, ne comporte pas de monologues. L'autre maîtresse de

---

58. *De la tragédie*, 1784, **II**, 313, cit., *ibid.*

Racine, la Champmeslé, qui avait créé le rôle de Bérénice, n'avait dans ce rôle qu'un monologue de 9 vers. Elle était Atalide dans *Bajazet* et Atalide n'a que trois monologues alors que Roxane en a quatre. Dans *Mithridate*, la Champmeslé tenait le rôle de Monime ; or Monime ne prononce que deux monologues alors que Mithridate en prononce trois ; et ainsi de suite : Phèdre — encore un des rôles de la Champmeslé — monologue deux fois, c'est-à-dire pas plus que Thésée. « Racine n'a donc point, conclut gravement M. Scherer, donné aux actrices qu'il aimait l'occasion d'éclipser leurs partenaires par ce moyen. »[59] C'est là, me semble-t-il, un des cas où la critique biographique révèle les bornes de sa compétence : incapable d'expliquer le retour au monologue biographiquement, elle renonce tout simplement à l'expliquer : dans la mesure où ce phénomène esthétique, dont on devine l'importance, se trouve être sans rapport avec « l'intérêt que l'auteur portait à ses interprètes féminines », il devient inexplicable. On s'interdit d'aller dans le bon sens et de comprendre les vrais tenants et aboutissants de l'œuvre. Le retour au monologue chez Racine tient à des causes profondes qui engagent la totalité de son œuvre : c'est que l'action elle-même, à partir d'un certain moment, change chez lui d'orientation : au lieu de figurer un combat entre deux adversaires, chacun luttant pour soi, elle tend à figurer un combat qui se livre à l'intérieur d'une âme divisée en elle-même. Ce mouvement prend des formes variées, et ce sont précisément ces formes, extrêmement riches en nuances poétiques, que nous essayons d'étudier, dans *Andromaque* et dans *Phèdre*. Le monologue, pour Racine, est la forme d'écriture théâtrale qui s'adapte le mieux à sa façon de concevoir l'action. De là vient que même lorsque le personnage parlant n'est pas seul devant nous, lorsqu'il parle à un confident, le texte est conçu comme un monologue, et les répliques du confident ou de la confidente ne servent en somme qu'à ponctuer un discours où toute la lumière se concentre sur le protagoniste. La dernière scène de l'acte III d'*Andromaque* appartient justement à cette catégorie de dialogue. Céphise est là, bien sûr, et c'est à elle qu'Andromaque semble s'adresser. Et Céphise est là pour donner une réplique importante, sans laquelle il n'y aurait pas pour Andromaque de transition possible du premier discours au second :

Hé ! bien, allons donc voir expirer votre fils.
On n'attend plus que vous... Vous frémissez, Madame ?

Oui, il faut que quelque chose à ce moment précis de la scène fasse *frémir* Andromaque, quelque chose qui soit tout simplement un prolongement de ce qu'Andromaque elle-même vient de dire. Car Céphise ne raisonne pas, elle conclut, elle amène le propos d'Andromaque à une conclusion qui s'impose, elle établit l'identité du refus d'épouser Pyrrhus et de la volonté de

---

59. *Loc. cit.*

lui livrer Astyanax. Céphise, elle, supprime toute circonlo-
cution, et met ainsi Andromaque devant le fait brutal du supplice d'Astyanax sans le voiler par de nobles généralités. Cela
suffit à provoquer chez Andromaque un de ces revirements
intérieurs qui sont chez Racine le véritable *ressort* de l'action.
Il lui faut encore, dans cette scène où, avec Andromaque, il
découvre le tragique, qu'une voix extérieure au personnage
parlant vienne lui rappeler *l'horreur* de ses propres vœux. J'emploie ce terme à dessein : car il est de Racine, et nous aurons
l'occasion d'y revenir dans un autre contexte.

Nous sommes donc là en quelque sorte à la limite du texte
dialogué, là où il est déjà tout prêt à se transformer en monologue pur, et c'est, je crois, dans cette évolution de la façon de
concevoir l'action qu'il faut chercher l'explication du phénomène dont les biographes, précisément parce qu'ils ne sont que
biographes, n'ont pas compris la portée. Nous avons déjà
constaté d'ailleurs que dans cette même pièce le monologue
proprement dit s'affirme déjà, et que le poète n'a qu'un pas à
faire pour supprimer l'intervention du confident en la remplaçant par une réplique que le personnage parlant trouve en lui-
même. C'est ce que fera Hermione dans les deux derniers actes
de la pièce, et c'est ce que feront plus tard Titus, Roxane, Mithridate, Thésée et Phèdre.

Voilà une digression bien longue pour en arriver à un passage très court : les vers que prononce Thésée (scène 6) en
voyant partir Hippolyte qui court *à sa perte infaillible*. Et ce mot
infaillible prononcé par Thésée, vibre encore de toute la violence
de sa condamnation, du courroux qu'il retenait à peine tout à
l'heure en voyant s'éloigner son fils qu'il vient de livrer au
supplice.

> ... Neptune, par le fleuve aux dieux mêmes terrible,
> M'a donné sa parole, et va l'exécuter.
> Un dieu vengeur te suit, tu ne peux l'éviter.
> Je t'aimais...

Voyez comment de cet excès de violence, de l'affirmation triomphante du châtiment terrible que Thésée par sa prière à Neptune vient d'infliger à Hippolyte, comment de l'expression
même de cette violence et de ce triomphe sanglant, jaillit de
façon tout à fait naturelle, dicté par une logique tout intérieure,
ce *je t'aimais* d'autant plus significatif d'ailleurs qu'il pouvait,
dans la langue de Racine, avoir deux sens : il pouvait s'entendre au sens de *je ne t'aime plus*, comme *je régnais* dans la bouche de Mithridate [60] veut dire « je ne suis plus roi, je ne règne
plus ». Mais alors que pour Mithridate seul existe le sens négatif
(qui est, vous le savez, le sens latin du prétérit), pour Thésée,
il y a là un jeu sémantique à la faveur duquel ce *je t'aimais*
signifie à la fois haine et affection, rappel de l'horreur du crime
et réveil de l'affection paternelle ; réveil qui se prolonge dans
le reste du vers et dans le vers suivant :

---

60. *Mithridate* 1041.

> ... et je sens que malgré ton offense
> Mes entrailles pour toi se troublent par avance.

Vient ensuite un nouveau recul devant cet aveu de douleur :

> Mais à te condamner tu m'as trop engagé.
> Jamais père, en effet, fut-il plus outragé ?

Sera-ce là une justification totale, définitive, de l'acte commis par Thésée ? Se contentera-t-il de dire qu'Hippolyte — *l'outrage* d'Hippolyte — mérite la mort ? Non pas. Un mouvement affectif continu relie ce dernier vers aux deux vers qui suivent et sur lesquels s'achève cette scène. *Outragé*, mais est-il possible qu'il le soit à ce point ? Qu'un fils soit coupable à ce point vis-à-vis d'un père ? L'horreur même du crime qu'on impute à Hippolyte ne suffit-elle pas à ce moment précis, à faire naître dans l'âme de Thésée le commencement d'un doute ? Car c'est ainsi, c'est en donnant à l'interrogation qui suit toute sa valeur d'incertitude, qu'il faut comprendre les deux vers suivants :

> Justes dieux, qui voyez la douleur qui m'accable,
> Ai-je pu mettre au jour un enfant si coupable ?

Là encore on peut, on doit réfléchir longuement sur le rôle de la proposition relative dont vous savez combien elle peut être expressive en français. Vous savez qu'elle peut avoir une valeur causale, explicative, et pourtant en quelque sorte effacée : Thésée demande aux dieux de l'éclairer sur ce qui s'est passé, de lui révéler toute la vérité, parce qu'il souffre trop de ce qu'il sait pour y croire vraiment — sa douleur a fait naître en lui quelque chose qui est déjà un doute.

Douleur et doute — telles sont les deux directions dans lesquelles va évoluer le rôle de Thésée à partir de ce moment-là, directions intimement liées l'une à l'autre, mais qui n'en représentent pas moins deux formes distinctes de la reconnaissance tragique. Car la reconnaissance tragique, chez les Grecs, était une découverte matérielle, la découverte d'un fait, par exemple de l'identité de la victime. Or, chez Racine, les reconnaissances se situent habituellement sur un autre plan. Les meurtres tragiques se font en pleine lumière, à visage découvert. Aucune méprise d'identité ne s'interpose entre la volonté des personnages et leurs actes. Je crois vous avoir dit que même en traçant en marge de son exemplaire de la *Poétique* d'Aristote son essai de traduction raisonnée, Racine n'a pu s'empêcher d'infléchir le texte dans le sens qui convenait à sa conception toute moderne de la reconnaissance. [61] Le texte grec donnait le verbe *connaître* sans complément direct, qui était sous-entendu, et ce qui était sous-entendu, chez Aristote, c'était justement l'identité de la victime. Racine remplace ce complément par le terme « horreur de son action » : c'est l'horreur de son

---

61. *Poétique* XIV, *Principes*, pp. 24, 50-51.

action que le personnage tragique doit découvrir à l'aide de la reconnaissance. Mais comment ? Par la découverte d'un fait ? Eh bien, dans le rôle de Thésée il y a en effet un fait à découvrir, qui est l'innocence d'Hippolyte. Thésée est, je crois, le seul personnage de Racine qui ait une découverte matérielle à faire : non, certes, l'identité de la victime, mais l'innocence de celle-ci et, à partir de là, l'horreur de sa propre action. Et dès les premiers vers de Thésée à l'acte V c'est bien de cela qu'il s'agit :

> Dieux ! éclairez mon trouble, et daignez à mes yeux
> Montrer la vérité que je cherche en ces lieux.

Aricie est en scène à ce moment-là, et un dialogue s'engage entre elle et Thésée, qui marque un pas de plus vers la découverte de la vérité qui lui échappe encore :

> Prenez garde, Seigneur. Vos invincibles mains
> Ont de monstres sans nombre affranchi les humains.
> Mais tout n'est pas détruit, et vous en laissez vivre
> Un...

Cet enjambement hardi marque le point culminant d'une nouvelle étape du rôle de Thésée. Resté seul en scène il s'interroge :

> Quelle est donc sa pensée ? et que cache un discours
> Commencé tant de fois, interrompu toujours ?
> Veulent-ils m'éblouir par une feinte vaine ?
> Sont-ils d'accord tous deux pour me mettre à la gêne ?

(C'est-à-dire « au supplice ».) La douleur, encore une fois, le tourment de Thésée meurtrier de son fils, est inséparable de Thésée justicier qui est sur le point de découvrir son injustice.

> Quelle plaintive voix crie au fond de mon cœur ?
> Mais moi-même, malgré ma sévère rigueur
> Une pitié secrète et m'afflige et m'étonne.

On sait ce que signifiait à l'époque de Racine ces trois mots dont l'usage moderne a effacé le relief : *une pitié secrète* est une pitié qui gît au fond de l'âme, comme, chez Bossuet, l'affinité *secrète* avec Dieu. *Affliger* a ici son premier sens de terrasser, d'écraser par la souffrance, et enfin *étonner*, loin d'exprimer l'étonnement, rejoint encore une fois une image célèbre de Bossuet parlant de l'*étonnante nouvelle* de la mort d'une grande princesse, ou ce vers d'*Athalie* :

> De vos sens étonnés quel désordre s'empare ?　(1043)

La douleur comme le doute se précise, devient trop violente pour que Thésée puisse la supporter sans chercher de nouvelles lumières. L'annonce de la mort d'Œnone lui en apporte une, comme un funeste éclair à l'horizon, et il ne peut plus contempler sans horreur ce qu'il a fait lui-même.

Qu'on rappelle mon fils, qu'il vienne se défendre,
Qu'il vienne me parler, je suis prêt de l'entendre.
Ne précipite point tes funestes bienfaits,
Neptune, j'aime mieux n'être exaucé jamais.
J'ai peut-être trop cru des témoins peu fidèles,
Et j'ai trop tôt vers toi levé mes mains cruelles.
Ah ! de quel désespoir mes vœux seraient suivis !

C'est à ce moment-là qu'il voit venir Théramène pleurant la mort d'Hippolyte, et tout ce qu'on a dit jusqu'ici sur l'inutilité du récit de Théramène n'a de sens en somme que si on oublie que ce discours s'adresse à Thésée, que c'est un de ces discours qui ont justement pour objet d'agir non sur ceux qui les prononcent, mais sur ceux qui les écoutent, comme la prière d'Iphigénie dont la vraie fonction est d'aviver la douleur d'Agamemnon. Depuis le temps qu'on critique ce discours on oublie encore autre chose : c'est qu'il existe, dans cette œuvre si complexe et pourtant si harmonieuse, une tragédie de Thésée et que c'est par-là et par-là seulement que se justifie la description du monstre marin, de la fuite éperdue des coursiers d'Hippolyte et du corps d'Hippolyte gisant sans forme et sans couleur, victime des « chevaux que sa main a nourris »,

Triste objet, où des dieux triomphe la colère,
Et que méconnaîtrait l'œil même de son père.

Louis Racine avait compris l'intention profonde de ces **vers** mieux que la plupart des critiques modernes. Il faut, dit-il, en écoutant le récit de Théramène, songer surtout à Thésée, à Thésée dans l'état d'incertitude où il se trouve, agité de la crainte de s'être trompé. [62] Et en effet, chaque mot, chaque détail prépare la lamentation de Thésée qui se prolongera dans la scène finale de la pièce, lorsqu'il verra paraître sa femme et qu'il lui adressera ces paroles, après lesquelles il ne lui reste qu'à entendre la vérité de la bouche même de Phèdre :

Hé bien vous triomphez, et mon fils est sans vie.
Ah que j'ai lieu de craindre ! et qu'un cruel soupçon
L'excusant dans mon cœur, m'alarme avec raison !
Mais, Madame, il est mort, prenez votre victime.
Jouissez de sa perte injuste, ou légitime.
Je consens que mes yeux soient toujours abusés,
Je le crois criminel, puisque vous l'accusez.
Son trépas à mes pleurs offre assez de matières,
Sans que j'aille chercher d'odieuses lumières,
Qui ne pouvant le rendre à ma juste douleur
Peut-être ne feraient qu'accroître mon malheur.

Phèdre a à peine besoin de dire : « Il n'était point coupable »

62. *Comparaison de l'*Hippolyte *d'Euripide avec la tragédie de Racine sur le même sujet* (1728) in *Mémoires de l'Académie des Inscriptions* VIII, 300-14, cit. Mesnard, *Œuvres complètes de Racine*, III (1865), 276-77.

pour jeter sur la douleur de Thésée les *odieuses lumières* qu'il fuyait — odieuses comme toutes les lumières dont la recherche constitue le fond de l'action tragique — odieuses, non par elles-mêmes, mais par ce qu'elles découvrent à nos yeux toujours prêts à ne pas les regarder en face. La souffrance humaine ne connaît pas de profondeurs plus noires que celles de la douleur du père meurtrier d'un fils aimé, et le grand miracle de cette œuvre est cette extraordinaire harmonie des deux voix tragiques qu'elle nous fait entendre simultanément, non pour qu'elles se répondent, mais pour qu'elles s'amplifient et s'enrichissent l'une l'autre : celle de Phèdre et celle de Thésée. Ce n'est qu'au regard d'un certain pédantisme de théoriciens que le tragique de Thésée peut nuire à celui de Phèdre. L'œuvre se développe comme une vaste symphonie dont l'unité se réalise à un niveau bien plus élevé que celui de l'intrigue, des nécessités du jeu dramatique, de la pertinence matérielle. Peut-être faudrait-il, pour couper court à tout malentendu, se dispenser d'employer le terme d'unité si cher aux théoriciens et le remplacer par des termes plus précis tels que cohérence, intégrité, plénitude, que sais-je encore ? Et le jour où l'on réussira à se libérer d'une terminologie trop contrainte, peut-être arrivera-t-on à voir dans une œuvre comme *Phèdre* autre chose qu'une habile application à un sujet légendaire d'une ingénieuse technique de composition. Le rôle de Thésée prendra alors à nos yeux une importance et une valeur exceptionnelle précisément parce que c'est lui qui fait triompher sur la scène française un art souverain, celui de l'action poétique obéissant à un principe d'harmonie dont aucune doctrine n'a encore su nous dire le secret.

XI

Il faut revenir à l'acte IV, pour voir comment se situe dans ce contexte l'évolution du rôle de Phèdre elle-même. Phèdre paraît là précisément parce qu'elle entend la voix redoutable de Thésée condamnant son fils et qu'elle craint qu'un prompt effet n'ait suivi la menace :

> S'il en est temps encore, épargnez votre race.
> Respectez votre sang, j'ose vous en prier,
> Sauvez-moi de l'horreur de l'entendre crier.

Et « crier » veut dire ici se plaindre, ou même protester, proclamer son innocence, mais silencieusement, après la mort. La réplique de Thésée est encore un exemple de cette extraordinaire maîtrise de la forme dialoguée que nous avons plusieurs fois eu l'occasion de constater. Car, en effet, il ne suffit pas, ici, que Thésée réponde simplement par l'affirmative : oui, je l'ai condamné. Les derniers vers de Phèdre lui fournissent l'essentiel de la réponse à lui donner. Elle dit :

> Ne me préparez point la douleur éternelle
> De l'avoir fait répandre à la main paternelle.

C'est à ces deux derniers vers que s'attache Thésée :

> Non, Madame, en mon sang ma main n'a point trempé...
> Une immortelle main de sa perte est chargée.
> Neptune me la doit, et vous serez vengée.

Mesurons tout ce que signifie aux yeux de Phèdre cette réponse, amenée par le plus naturel, le plus véridique des propos. Rien désormais ne pourra arrêter la marche des événements provoqués par la prière à Neptune : aucune parole humaine, aucun geste humain — c'est là une des certitudes profondes de la théologie grecque — rien ne saurait annuler ou même retarder l'effet d'une malédiction une fois lancée. Phèdre le sait, comme Thésée, comme tous les acteurs de cette pièce si moderne et pourtant si profondément engagée dans le mode de penser et d'agir de l'antiquité légendaire. D'où le cri d'horreur de Phèdre :

> Neptune vous la doit ! Quoi ? Vos vœux irrités...

Hippolyte, quoi que puisse dire à Thésée une Phèdre suppliante et pleine de remords, court à sa perte infaillible :

> Neptune par le fleuve aux dieux même terrible
> M'a donné sa parole, et va l'exécuter.
> Un dieu vengeur te suit. Tu ne peux l'éviter.

Telles étaient les paroles que Thésée avait lancées à la suite d'Hippolyte s'en allant loin d'un père qui savait qu'il ne le verrait jamais plus. Phèdre, sans même avoir entendu ces paroles, en sait désormais autant que Thésée. Elle n'ajoute donc rien à son cri d'horreur. Elle sait que même en disculpant Hippolyte elle ne peut plus le sauver.

Il faut suivre attentivement le déroulement de cette scène, pour éviter une des erreurs les plus graves que l'on ait commises en commentant *Phèdre*, erreur à laquelle les plus avertis des critiques n'ont pas toujours su échapper. Jean Pommier fait remarquer très justement que « Phèdre autorise la calomnie à la fin de l'acte III ; elle devient jalouse *un acte plus tard.* Ceci ne saurait expliquer cela ». [63] Il répondait à Etienne Gros qui prétendait que la calomnie était la conséquence de la jalousie de Phèdre. Ajoutons que non seulement elle ne motive pas la calomnie, mais elle ne saurait même pas expliquer pourquoi au dernier moment Phèdre n'a pas pu sauver Hippolyte. Au point où nous en sommes dans cette scène 4 de l'acte IV, Phèdre n'est pas encore jalouse, elle n'a encore aucune raison d'être jalouse, puisque Thésée n'a pas encore prononcé le nom d'Aricie. Mais déjà elle a compris que rien ne peut plus sauver Hippolyte, que sa perte est jurée non par un homme, mais par un dieu auquel aucun regret tardif ne saura arracher sa victime. Et lorsque Thésée qui s'aperçoit de son émoi, lui reproche de ne pas retracer les crimes d'Hippolyte dans toute leur noirceur, pour échauffer ses *transports trop lents, trop retenus*, par un mouvement encore une fois tout naturel et très spontané, il lui fait part d'un crime d'Hippolyte qu'elle ignore :

> Sa fureur contre vous se répand en injures.
> Votre bouche, dit-il, est pleine d'impostures.
> Il soutient qu'Aricie a son cœur, a sa foi,
> Qu'il l'aime.

Le *Quoi, Seigneur !* de Phèdre qui suit cette révélation est encore un cri d'horreur sans conséquence pour la marche des événements. Il est vrai que, comme Phèdre le dira elle-même dans la scène qui suit, si elle n'avait pas appris de la bouche même de Thésée qu'Hippolyte aime Aricie,

> Peut-être, si la voix ne m'eût été coupée,
> L'affreuse vérité me serait échappée.

Elle lui aurait échappé, qu'elle n'aurait point sauvé Hippolyte, et Phèdre le sait comme le savait tout spectateur averti à l'épo-

---

63. *Aspects de Racine*, 1954, p. 197.

que de Racine. Le crime de Phèdre n'est pas un crime passion-
nel et n'a jamais été conçu comme tel. Le refus de Phèdre de
disculper Hippolyte ne change strictement rien au sort qui
l'attend. Elle le disculpera, certes, quelques instants avant de
mourir : « Il n'était point coupable », dira-t-elle à Thésée dans
la scène finale de la pièce. Le fer, dira-t-elle, aurait déjà tran-
ché sa destinée à elle, mais en mourant sans avouer son propre crime elle aurait laissé *gémir la vertu soupçonnée*, et
son dernier geste sera un dernier aveu adressé à un mort. La
jalousie de Phèdre ne jouera aucun rôle dans l'agencement des
épisodes qui vont suivre : Hippolyte n'en sera point la victime.
Sa seule vraie victime sera Phèdre elle-même, car la découverte
de l'amour d'Hippolyte pour Aricie sera le point de départ
d'un mouvement qui entraînera Phèdre aux dernières limites
de sa souffrance et de son remords :

> Tout ce que j'ai souffert, mes craintes, mes transports,
> La fureur de mes feux, l'horreur de mes remords,
> Et d'un refus cruel l'insupportable injure
> N'était qu'un faible essai du tourment que j'endure.

Notons ces vers, auxquels on s'arrête rarement, tellement
ils passent vite dans une diction théâtrale. C'est une énumé-
ration de tous les tourments qui ont précédé la découverte des
amours d'Hippolyte et d'Aricie. Phèdre a souffert, dit-elle, des
craintes, des *transports*, la *fureur de ses feux*, *l'horreur du
remords* et enfin l'insupportable injure du refus de l'homme
aimé. Ce n'est que ce dernier tourment qui nous a jusqu'ici été
révélé. Comment expliquer que s'y ajoute ici, comme exemple de ses tourments, *la fureur de ses feux* ? Et pourquoi
faut-il que parmi les composants de sa douleur se trouvent ses
transports, c'est-à-dire sa *passion* ? Et que veut dire enfin dans
sa bouche *l'horreur* de ses remords ? Est-ce le *remords* qui lui
fait horreur, ou *ce qui cause* ce remords ? Nous nous trouvons
là devant toute une gamme de sentiments dont on peut dire
qu'ils forment aux yeux de Phèdre l'essentiel de sa vie morale,
c'est-à-dire de son rôle, de ce qu'on appelle son *caractère* :
craintes, transports, feux, remords, injure (ce qui veut dire
blessure au sens presque physique du terme). Seule cette blessure vient de quelque chose qui s'est produit sous nos yeux.
Le reste se réfère à la donnée première de l'œuvre : l'amour
tragique qui trouve en lui-même le principe de sa destruction
et de sa perte. Pour Phèdre tout est souffrance, tout est passion au sens premier du terme. Jamais encore, dans le théâtre
de l'époque classique, le terme si usé de *fureur des feux* n'avait
été employé comme synonyme de *douleur d'aimer*, jamais
encore le terme précieux de *transport* n'avait été employé
comme complément de *souffrir*.
Je vous signale ces particularités du langage racinien à ce
stade décisif du rôle de Phèdre parce qu'elles me semblent
répondre à quelque chose de très profond : au début d'une
prise de conscience devant le mal qui s'acharne sur elle, mais

à un commencement seulement qui aura dans quelques instants une suite importante. Le tout premier mot de Phèdre, dans son entretien avec Œnone au premier acte, est le *mal* : — *Mon mal vient de plus loin*. Ce mal ce n'est pas *le mal d'aimer*, c'est l'amour lui-même. *Mon mal vient de plus loin* veut dire : de plus loin que le rivage malheureux de Trézène ; ce mal, c'est la première vision d'Hippolyte qui, selon ce qu'en dit Vénus dans le prologue d'Euripide, était venu à Athènes se faire initier aux Mystères.

> Je le vis, je rougis, je pâlis à sa vue.
> Un trouble s'éleva dans mon âme éperdue.
> Mes yeux ne voyaient plus, je ne pouvais parler,
> Je sentis tout mon corps et transir, et brûler.
> Je reconnus Vénus et ses feux redoutables,
> D'un sang qu'elle poursuit tourments inévitables.

Voilà comment Phèdre a ressenti les premiers signes de sa passion, et voilà comment elle la ressent encore dans cette scène de l'avant-dernier acte où elle touche à l'apogée de sa souffrance. Une ligne ininterrompue, un mouvement continu relie cet aveu de sa douleur au paroxysme de sa jalouse rage — d'une douleur non encore éprouvée, de sa fureur d'amante méprisée — à l'appel désespéré qu'elle lance au dompteur des monstres, à Thésée, pour qu'il ne se borne pas à des peines légères, pour que son courroux se réveille une fois de plus contre un sang odieux, et qu'il punisse la sœur des Pallantides comme il les avait punis eux-mêmes, qu'il sache que le crime de la sœur passe celui des frères.

> Dans mes jaloux transports je le veux implorer.

Arrêtons-nous avant d'aller plus loin à ce vers, comme on s'arrête à un sommet d'où l'on découvre des horizons brusquement éclairés d'un jour inattendu. Le monologue qui suit (je dis bien *monologue*, bien qu'Œnone soit là qui écoute Phèdre, et je le dis parce que c'est à elle-même que Phèdre s'adresse ici et non à Œnone), est celui qui a été décrit par La Harpe comme « ce qu'il y a de plus fort dans la peinture des passions ». C'est à propos de ce morceau qu'il rapporte le mot de Voltaire : « Mon ami, je ne suis qu'un polisson en comparaison de cet homme-là » (cf. p. 18). C'est au vers 1264 :

> Que fais-je ? Où ma raison se va-t-elle égarer ?

que commence le passage, qui avait tant frappé le philosophe. Et pour cause. Car jamais encore sur la scène française la parole dépouillée de tout accessoire théâtral n'avait été plus puissante, plus décisive, jamais encore elle n'avait produit d'effets plus immédiats et plus impérieusement dictés par l'extrême justesse des termes du discours.

A part les exemples que nous avons déjà rencontrés, je vous en signale un qui est particulièrement frappant, celui du monologue de Titus à l'acte IV, scène 4 de *Bérénice*. Titus y cherche d'abord à se convaincre qu'il a tort de craindre la volonté de Rome, et au bout de quelques vers d'un raisonnement serré, logique, impeccable en apparence, il conclut en s'écriant : *Rome sera pour nous.* L'illusion du bonheur se détruit aussitôt toute seule en raison de la clarté même des termes qui l'expriment. *Rome sera pour nous* est suivi de points de suspension et d'un deuxième hémistiche qui dit simplement : *Titus, ouvre les yeux.* Devant l'implacable limpidité de la phrase prononcée par Titus s'anéantit le mouvement même qui l'avait amenée.

Que se passe-t-il dans le vers de Phèdre où se précise sa soif de vengeance ? Simplement une marche vers la forme la plus explicite de ses vœux :

> Dans mes jaloux transports je le veux implorer.

Phèdre, torturée par la jalousie, assoiffée de vengeance, et qui veut implorer Thésée, qui se dit qu'elle veut l'implorer, qu'elle veut « contre un sang odieux réveiller son courroux », prépare ainsi elle-même le brusque réveil qui suit, analogue à celui de Titus devant la ruine de l'illusion dont ses paroles mêmes lui avaient montré l'inanité. Il n'en faut pas davantage pour assurer au personnage racinien le passage à la vision désormais inévitable de l'abîme de tourment qui s'ouvre à ses pieds. Ce mouvement tout intérieur qui aboutit à la reconnaissance tragique vient donc de l'ampleur même de l'égarement, de l'implacable précision avec laquelle il se manifeste. Indifférent à toutes les ruses du drame, de l'intrigue, ce mouvement suit une courbe qu'aucune pression du dehors ne vient jamais infléchir.

Et quel en est dans le texte qui nous occupe le point de départ ? Simplement la *volonté* du crime qui à force de se préciser frappe Phèdre comme le plus horrible de ses vœux.

> Moi jalouse ? Et Thésée est celui que j'implore ?
> Mon époux est vivant, et moi je brûle encore ?
> Pour qui ? Quel est le cœur ou prétendent mes vœux ?

La volonté du crime, le fait d'avoir pris conscience de cette volonté amène Phèdre à la compréhension de la nature même du mal dont elle est atteinte. Ici d'ailleurs, il faut que nous nous attachions au sens de certains termes sans quoi ce mouvement décisif du monologue risquerait de rester incompris.

> Pour qui ? Quel est le cœur où prétendent mes vœux ?

Prétendre est un verbe de volonté, il est suivi par un autre, et nous verrons lequel :

> Chaque mot sur mon front fait dresser mes cheveux.
> Mes crimes désormais ont comblé la mesure,
> Je *respire* à la fois l'inceste et l'imposture.

Il y a deux choses à relever dans ces trois vers : d'abord le vers qui résume si bien le rôle de la parole chez Racine :

« Chaque mot sur mon front fait dresser mes cheveux », ce qui veut dire que les mots dans la bouche des personnages raciniens ne sont pas simplement des moyens d'expression, mais des moyens d'action et qu'ils agissent aussi bien sur ceux qui les écoutent que sur ceux qui les prononcent. Mais il y a encore autre chose. Je ne veux pas interrompre cette lecture d'un très grand texte par l'examen d'un problème qui risquerait de vous paraître secondaire à côté de tout le reste, et je vous demanderai pour l'instant d'accepter le fait que respirer veut dire ici *souhaiter ardemment*, exactement comme au vers 745 de Phèdre (début de l'acte III) :

> Comme il ne respirait qu'une retraite prompte !

Relisons donc ces vers :

> Je *respire* à la fois l'inceste et l'imposture.
> Mes homicides mains promptes à me venger,
> Dans le sang innocent *brûlent* de se plonger.
> Misérable ! et je vis ?

Prétendre, respirer, brûler — série ascendante des verbes de volonté, qui révèle la nature même de cette marche au supplice qui attend Phèdre dans ce monde comme dans l'autre. *Misérable ! et je vis ?* marque une transition capitale. Parcourez les vers qui précèdent et ceux qui suivent cette exclamation, et vous verrez qu'ils appartiennent à deux tonalités différentes. Dans la première partie, on trouve de curieuses variétés rythmiques : il n'y a pas là deux vers consécutifs construits sur le même modèle ; avec chaque vers la disposition des syllabes accentuées change. Un vers qui se divise en quatre tranches égales comme « Chaque mot sur mon front fait dresser mes cheveux » ; qui est une sorte d'aparté, une réflexion, un commentaire, retranché de la suite des aveux et des interrogations, est précédé de vers à coupes irrégulières :

> Pour qui ? Quel est le cœur où prétendent mes vœux ?
> (2 + 4 + 3 + 3)

et suivi d'un autre vers différemment rythmé :

> Je respire à la fois l'inceste et l'imposture
> (3 + 3 + 2 + 4)

On en retient l'impression d'un discours haletant, saccadé. La Phèdre qu'on entend parler ici est encore une Phèdre pleine d'ardeurs de ce monde, découvrant dans un mouvement d'âme précipité et violent le sens de son malheur. Mais voici qu'elle se tourne vers la nuit des enfers, vers un monde que jusque-là elle avait à peine entrevu :

> Où me cacher ? Fuyons dans la nuit infernale.

Et à partir de là, le mouvement semble s'apaiser, à la reconnaissance tragique succède la sérénité de l'au-delà, et à Phèdre elle-même, son ombre qui désormais fuira le soleil et la terre.

Dans le mouvement rapide des vers qui suivent disparaissent les coupes imprévues, à la fièvre et aux violences du cœur humain se substitue ici la terreur résignée du jugement qui attend tous les humains. Une seule variation rythmique subsiste encore : au début de chaque vers on trouve tantôt une mesure de trois syllabes, tantôt une mesure de deux :

> Pardonne. Un dieu cruel a perdu ta famille.
> Reconnais sa vengeance aux fureurs de ta fille.
> Hélas ! du crime affreux dont la honte me suit...

Mais cette alternance même a une certaine régularité qui ajoute au caractère uni de ces vers qui recouvrent la passion de Phèdre d'une nappe sans pli ni mouvement. Et ce passage d'un monde à un autre est encore souligné par la façon dont Phèdre elle-même se voit apparaître devant Minos :

> Ah ! combien frémira son ombre épouvantée
> Quand il verra sa fille à ses yeux présentée,
> Contrainte d'avouer tant de forfaits divers...

Phèdre, ici, s'observe de loin, elle n'est plus qu'une ombre qui passe devant ses propres yeux, une ombre qu'elle décrit comme si ce n'était pas elle-même et comme si le tourment des incertitudes humaines venait brusquement de la quitter. Tournée vers un monde qui est celui de la mythologie grecque, mais où l'on peut entrevoir si l'on veut le reflet de l'au-delà chrétien : âme devant Dieu, Phèdre ne peut s'empêcher de prêter à Minos la miséricorde divine qui laisse toujours aux humains l'espoir d'un pardon.

Mais cette transition est nuancée, et Racine n'oublie pas que Phèdre est un être humain : après une première phase dominée par le nom de Minos et l'image de l'ombre transparente qui passe devant lui, Phèdre redevient elle-même au moment où l'urne terrible tombe des mains épouvantées du juge suprême devenu le bourreau de sa fille. Les pronoms personnels reviennent avec force comme si Phèdre voulait redevenir ce qu'elle a été et ce qu'elle est encore. Et c'est avec un naturel irrésistible, que ce mouvement aboutit à l'appel déchirant qui s'adresse ici aussi bien à Minos qu'au Dieu chrétien :

> Pardonne ! Un dieu cruel a perdu ta famille —

ce *pardonne* qui faisait frémir les salles de théâtre en France, lorsque Sarah Bernhardt le prononçait, agenouillée devant l'invisible dieu.

Il existe entre ces deux mouvements du monologue une transition à peine perceptible, mais essentielle, et comme beaucoup de choses importantes chez Racine, exprimée par des nuances de certains mots :

> Que diras-tu, mon père, à ce spectacle horrible ?
> Je crois voir de ta main tomber l'urne terrible...

L'urne terrible, c'est l'urne qui terrifie par tout ce qu'elle contient, qui sème la terreur, comme Calchas dans *Iphigénie* (vers 1745) :

> Terrible et plein du Dieu qui l'agitait sans doute.

Ce mot gagne ici en force non seulement par sa position, mais par son retour à sa signification première, littérale, étymologique que seule la poésie est capable de réveiller. Il en sera de même pour l'avant-dernier mot de tout ce monologue :

> Je rends dans les tourments une pénible vie.

Ordinairement l'adjectif pénible s'applique aux sensations et non aux choses. Dans la bouche de Phèdre *une pénible vie* devient non seulement naturel, mais infiniment expressif, ayant le sens de douloureux. Sa douleur dans le monde qu'elle quitte, la douleur qu'elle a éprouvée jusqu'au bout parmi les vivants, atteint son comble, devient tourment au moment où elle la quitte et sa fin ne sera pas une délivrance, mais une autre forme de douleur : c'est dans le tourment qu'elle apporte aux pieds de Minos sa vie qui ne saurait à aucun moment dépouiller sa douleur. La fuite dans la nuit infernale ne lui permettra point d'y échapper. Mais ce passage du monde où luit le soleil, où l'univers est plein des aïeux de Phèdre, dans l'au-delà d'une mythologie sans réconfort, s'opère à la faveur de quelque chose que l'on peut même ne pas remarquer à la lecture rapide ou à l'audition :

> Le sort, dit-on, l'a mise en ses sévères mains.

Cette incidente, ce « dit-on » que les pédants ont souvent reproché à Racine est précisément un de ces mots-clés qui permettent ici et qui appellent même un changement de tonalité : ce « dit-on » est un rappel de tout ce que nous apprend la légende, la fable. Ce ne sera plus l'imagination déréglée de Phèdre qui lui dictera la suite des images par elle évoquées, c'est la fable elle-même, impersonnelle, neutre, connue de tous. Une sorte de réalité mythologique s'introduit ici dans le texte à la faveur de ce simple appel à la mémoire du lecteur à qui le poète laisse ainsi le soin d'imaginer le cadre légendaire où se situera la scène du jugement dernier de Minos.

Dès lors, dans l'esprit de Phèdre, comme peut-être aussi dans le nôtre, deux attitudes concurrentes et complémentaires vis-à-vis du même acte se préciseront pour se traduire en images parlantes : celle qui est propre à l'ici-bas et celle qui n'est possible que dans une projection vers l'au-delà.

> Contrainte d'avouer tant de forfaits divers
> Et des crimes peut-être inconnus aux Enfers.

Le forfait est un terme de prière qui crée une atmosphère d'horreur religieuse, et c'est bien sur ses forfaits que Phèdre se voit jugée. Les *crimes* que l'enfer ignore sont les mêmes actes, mais vus avec les yeux des hommes. Le jugement divin ne connaît que les *forfaits* ; et même l'enfer ignore les crimes que Phèdre avoue quand elle parle aux hommes. A la limite des deux univers, celui des hommes et celui des dieux, Phèdre se voit rejetée par les uns et par les autres, seul personnage de tragédie qui ait réussi à amener par la puissance de sa parole cette double condamnation de soi, ce double refus de tout salut, cette double défaite devant l'inéluctable de la vie. Si l'on peut vraiment parler de la rencontre chez Racine de la conscience tragique avec le cadre mythologique hérité de l'antiquité, c'est que les deux choses se rejoignent ici à la faveur de leur réincarnation poétique, qui les conditionne l'une et l'autre et les transforme en réalités humaines. L'une et l'autre ne sont au fond que des lueurs projetées sur une âme douloureusement concentrée sur elle-même et blessée à mort.

On a pu dire, vous le savez, que dans le souvenir la prière ici passe de l'état dramatique à l'état lyrique. Dans le souvenir, peut-être ; mais au moment même où l'on entend ces paroles de Phèdre, ne sent-on pas que bien au contraire au moment où l'urne terrible de Minos s'écrase aux yeux épouvantés de Phèdre nous avons le privilège de pouvoir enfin comprendre que ce n'est pas l'agencement du drame, ni les ruses de l'intrigue qui créent le mouvement, qui nous donnent, au théâtre, l'illusion d'une vie ; c'est le poème, poème générateur de pitié, de terreur, des moments d'égarement et des instants encore plus terribles d'un brusque retour à la lucidité.

XII

Etrange paradoxe de l'état présent de nos études ! Tout le
monde est d'accord pour affirmer l'importance, je dirai même
le rôle primordial du *langage* dans la poétique racinienne. Chacun sait qu'en dehors de la *poésie* racinienne il n'y a pas en
réalité de *tragédie racinienne*. Mais qu'a-t-on fait jusqu'ici pour
nous rendre vraiment attentifs aux particularités de sa langue ?
Presque rien. Nous avons, dans la grande édition en huit volu-
mes publiée il y a plus d'un siècle par Paul Mesnard, une étude
de Marty-Laveaux sur la langue de Racine ; nous avons ensuite,
dans cette même édition, un lexique de Racine qui occupe tout
le reste du dernier volume et qui est évidemment très utile,
bien qu'il soit aujourd'hui dépassé de loin par des lexiques
électroniques établis à l'aide des ordinateurs pour la presque
totalité de l'œuvre de Racine ; et il y a enfin, d'une part, un
travail techniquement très bien conçu mais inachevé d'un jeune
savant français, Jacques Cahen [64], fusillé par les Allemands
pendant la guerre, et d'autre part quelques études purement
impressionnistes sur la poésie de Racine. Je citerai notamment le livre de Guéguen [65] et celui d'Henri Bremond. [66] Je dis
que ce sont là des travaux purement impressionnistes parce
qu'ils se basent sur des impressions souvent très superficielles,
recueillies en passant, et sans beaucoup de réflexion. Rien n'est
plus facile, en effet, que de s'extasier sur certains vers de
Racine. Valéry a dit une fois que l'enthousiasme n'est pas un
état d'âme d'écrivain. Peut-être ; mais il serait bien injuste
vis-à-vis des critiques de leur interdire l'enthousiasme et même
l'extase. Au contraire : ce sont des états d'âme sans lesquels il
ne peut y avoir de critique vraiment créatrice. Mais cet enthousiasme doit s'alimenter de quelque chose de plus solide qu'une
première impression ; et ce quelque chose de plus solide doit
être justement un certain sens poétique nuancé et approfondi,
une certaine sensibilité verbale qui est inconcevable en dehors
d'une certaine culture philologique élémentaire. [67]

---

64. *Le vocabulaire de Racine* (*Revue de Linguistique romane*, XVI),
1946.
65. P. Guéguen, *Poésie de Racine*, 1946.
66. *Racine et Valéry*, 1930.
67. Exemple de *Mon petit frère* de Courteline. — N. de l'Auteur ;
allusion sans doute à la Presidential Address prononcée par lui en

Tout récemment on a vu paraître en Angleterre un ouvrage dont le titre promettait beaucoup : *Racine's Rhetoric*, de Peter France. [68]

La rhétorique de Racine — mais c'est tout le mystère de l'œuvre racinienne qui est impliqué dans cette simple formule, car elle veut dire ni plus ni moins l'usage que Racine a fait des ressources que lui offrait la langue littéraire de son temps : images, procédés discursifs, nuances du vocabulaire, richesses dissimulées de la syntaxe — tout cela, c'est bien de la rhétorique, et toute la question est de savoir comment cette rhétorique est devenue *racinienne*, à la faveur de quel prodige elle a pu être mise au service de la création poétique. Voilà la question qui malheureusement, ne semble même pas avoir effleuré l'esprit de M. France dans son effort pour classer et cataloguer les tropes, les figures et les *couleurs*.

Et tous les autres critiques nos contemporains sont à peu près aussi peu éclairants que le jeune racinisant anglais qui m'a tellement déçu. Ils parlent souvent du *langage* : Barthes, Thierry Maulnier, Goldman, Raymond Picard, mais ils en parlent, j'ose l'affirmer, sans rien dire, comme l'ont déjà fait leurs prédécesseurs. Même Mornet faisait l'éloge de la poésie de Racine en citant des textes à l'appui.

> Le jour n'est pas plus pur que le fond de mon cœur

n'avait pas manqué de susciter son éloge, mais un éloge qui montre à quel point un érudit peut être brouillé avec la poésie. Ce vers, disait Mornet [69], est beau parce qu'il se compose de monosyllabes. Or, si ce vers est beau c'est malgré le fait qu'il est tout en monosyllabes ; c'est un vers qui devrait être mauvais, un vers qui par une qualité que personne n'a encore su définir oppose un formel démenti à une des règles de la prosodie française.

Oui, je dis bien : une qualité que personne n'a encore su définir ; car en appelant de mes vœux un ouvrage ou une série d'ouvrages sur la naissance de la poésie dans la langue de Racine, je ne prétends pas du tout affirmer que de tels ouvrages nous expliqueraient le prestige de chaque vers et de chaque mot que Racine a su élever à la puissance poétique. Je dis seulement qu'il est temps qu'on y songe, qu'on se mette au travail, au travail le plus difficile peut-être et le plus prenant qui existe dans notre domaine.

1961 devant la Modern Language Association de Grande-Bretagne (« Le chêne et le roseau », *Modern Languages*, XLII, 1961, pp. 1 s.) où il cite l'explication littéraire de cette fable, faite dans une petite pièce de Courteline. L'Auteur a toujours combattu l'emploi de cette méthode scolaire dans l'enseignement des Facultés en dehors de la France. — N. de l'Editeur.

68. *Racine's Rhetoric*, Oxford, 1965. On peut regretter que l'Auteur n'ait pas vu dans cette étude, pourtant très bien reçue en son pays, une recherche toute pareille à la sienne, quoique sur un plan évidemment différent. — N. de l'Editeur.

69. *J. Racine*, 1944, p. 178.

Sur ce terrain presque vierge nous avons déjà tenté quelques pas ; et ce que je vous propose aujourd'hui, c'est de voir de près à la fois en quoi consiste une telle recherche et ce qu'on peut attendre d'elle.

Il y a évidemment tout d'abord l'immense domaine de ce que j'ai appelé la *mémoire* des mots, domaine où un poète réveille parfois certaines acceptions du mot que l'usage courant a pu obscurcir ou effacer ; il y a ensuite le domaine du *relief* oublié des mots que le poète se charge parfois de rétablir en ranimant la matière verbale ; et il y a enfin le jeu capricieux des termes polyvalents, toujours à la merci de leur contexte, de leur *collocation* pour parler comme les linguistes d'aujourd'hui, contexte qui leur impose telle ou telle autre hiérarchie des sens. Mais il y a des cas où, au contraire, le poète s'arrange pour concentrer toute la lumière sur un sens unique, et le rôle du commentateur n'en devient que plus délicat : le contresens risque alors de nous éloigner à jamais de la pensée profonde du poète.

Je m'attacherai aujourd'hui à l'étude d'un seul mot, mais d'un mot capital, puisqu'il se situe au centre d'un des plus décisifs monologues de Phèdre : le verbe *respirer* dans ce vers :

> Je respire à la fois l'inceste et l'imposture.

Lanson, vous le savez, le traduit dans une note de son édition : « Respirer, dit-il, ne marque pas ici le désir, mais le *caractère* : comme le parfum de l'âme. Pareillement *spirare* en latin. » Et dans son glossaire à la fin du volume il précise : « porter au dehors tel ou tel caractère », avec un renvoi au vers en question ainsi qu'à un vers d'*Esther :*

> Tout respire en Esther l'innocence et la paix.   (672)

Faut-il admettre cette explication ? Faut-il croire que Phèdre s'accuse ici d'avoir *commis* les actes que décrivent ces deux termes d'*inceste* et d'*imposture* ? L'innocence et la paix, dans le cas d'Esther, ne sont pas les choses qu'elle souhaite : ce sont les traits existants, acquis de son caractère : elles sont *en elle*, elles résident dans son âme. Et vous voyez d'ici l'importance du problème : Phèdre se dit-elle coupable d'inceste, ou bien d'un désir d'inceste ?

Seule une étude attentive de la sémantique historique de ce mot peut nous permettre d'y voir un peu plus clair.

Disons tout de suite que l'idée de voir dans Phèdre une criminelle qui exhale le crime n'a pas manqué de séduire beaucoup de lecteurs. Un traducteur anglais de *Phèdre*, John Cairncross[70], traduit ainsi le passage en question :

> Henceforth the measure of my crime is full.
> I reek with foulest incest and deceit.

---

70. *Phaedra*, Genève, 1958 ; *Phaedra and other Plays*, Londres (Penguin), 1963.

Si je ne m'abuse, *to reek with* veut dire en anglais, au figuré, exhaler, et *to reek with crime* pourrait se traduire en français *suer le crime*. Cairncross s'inspire ici visiblement de la note de Lanson, et aussi peut-être de Littré, car c'est dans Littré et pas ailleurs que Lanson lui-même avait trouvé l'explication qu'il nous propose. Littré donne le vers qui nous occupe comme exemple de l'emploi métaphorique de respirer au sens d'*exhaler*. Personne à ma connaissance ne s'est demandé pourquoi Littré ne cite aucun autre cas de cet emploi, et la question se pose alors de savoir si Littré ne l'a pas simplement inventé pour pouvoir expliquer à sa façon la pensée de Phèdre. Les lexicographes n'ont souvent que le contexte pour les guider, et s'ils se méprennent sur le sens qu'il faut donner au contexte, ils ne peuvent s'empêcher parfois de faire des contresens flagrants.

Or, avant de décider quoi que ce soit — et c'est là la première démarche à faire dans toute étude de ce genre — demandons-nous quels étaient, à l'époque de Racine, les sens *possibles* de ce mot. A la figure 1 j'ai dessiné ce que l'on pourrait appeler son *éventail sémantique* : au centre, le sens premier, physiologique que je définis : absorber l'air ambiant et le rejeter. Déjà cette définition comporte, comme tout acte physiologique, deux aspects auxquels l'esprit peut s'attacher à tour de rôle : la façon dont se fait la respiration, autrement dit son *mécanisme* d'une part, et ce à quoi peut répondre cet acte, ce dont il est le symptôme, ou le signe. Et c'est en effet, selon cette distinction entre le *signe* d'une part et le *mécanisme* d'autre part qu'évoluera le sens du mot respirer. Respirer est un signe, d'abord, du fait qu'on est en vie, et voilà pourquoi respirer veut dire *vivre* (sens *a*). Mais c'est aussi un signe d'une interruption d'un certain effort. D'où le sens de *se reposer* (*b*) dont les textes classiques fournissent de très nombreux exemples. Tout cela est très simple. Les choses commencent à se compliquer un peu lorsque nous passons du *signe* au *mécanisme* ; jusqu'ici, nous avons vu ce mot évoluer au gré de certains changements *métonymiques*, c'est-à-dire de substitutions déterminées par les *rapports* que nous établissons entre les choses : le signe de la vie devient la vie elle-même, le signe de repos devient le repos, etc... Pour ce qui est du *mécanisme* de la respiration, nous allons avoir à faire à une série de sens nouveaux dont la plupart seront des *métaphores*, c'est-à-dire des images qui s'inspirent de la ressemblance réelle ou imaginaire que notre esprit établit entre les objets et les idées. Nous voyons d'abord que le mécanisme de la respiration est double : expiration et inspiration, deux mouvements dont chacun devient producteur de sens qui étaient tous à la disposition des poètes du XVIIe et du XVIIIe siècle. Tout d'abord — *exprimer, proclamer, témoigner vivement* (*c*). Ensuite le sens physique, ou concret, que je ne trouve pas chez Racine, mais qui était certainement vivant à son époque. Je le cite d'après deux vers célèbres d'André Chénier (*d*). Voilà ce que donne le mécanisme de l'expiration, et la théorie de Lanson et de Littré

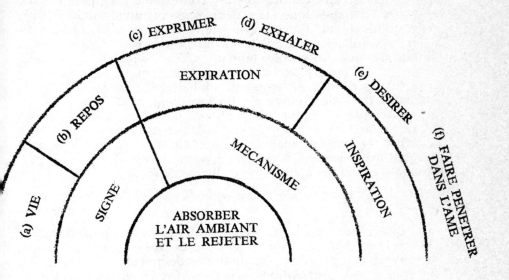

Sens dérivés du verbe
RESPIRER

(*a*) ... Que j'ai sur votre vie un empire suprême,
Que vous ne respirez qu'autant que je vous aime
(*Bajazet* 509-10)
(*b*) Hercule, respirant sur le bruit de vos coups,
Déjà de son travail se reposait sur vous (*Phèdre* 943-4)
(*c*) Tout respire en Esther l'innocence et la paix (*Esther* 672)
(*d*) La Provence odorante et de Zéphyre aimée
Respire sur les mers une haleine embaumée (A. Chénier,
éd. Dimoff II, 254, vv. 55-56)
(*e*) C'est pour un mariage...
La fille le veut bien ; son amant le respire ;
Ce que la fille veut, le père le désire (*Les Plaideurs* 855-58)
Cf. *Mithridate* 499 s., *Phèdre* 745, *Athalie* 1540.
(*f*) Arrachez-vous d'un lieu funeste et profané
Où la vertu respire un air empoisonné (*Phèdre* 1359-60)

Figure 1.

revient à dire en somme que dans le vers que nous étudions Racine a eu recours soit au sens *c* soit au sens *d* ; nous allons voir en quoi cette explication est contestable au point de vue strictement linguistique. Les deux sens métaphoriques dérivés du mécanisme de l'*inspiration* sont, vous le voyez, poétiquement très audacieux car il n'y a pas, on le sait, de poète plus fantaisiste que la parole humaine. Tout d'abord, une métaphore on ne peut plus hardie qui donne au verbe *respirer* le sens (*e*) de désirer ardemment, souhaiter de tout cœur. Trois exemples tirés de l'œuvre de Racine donnent ce sens ; de ces trois exemples, le plus probant est peut-être celui des *Plaideurs* ; dans les deux autres cas *respirer* est employé avec une négation, et certains mauvais grammairiens ont prétendu qu'il ne peut avoir le sens de désirer que sous cette forme : *ne respirer que...* Or, Corneille a bien dit dans *Horace* :

Ta bouche la demande et ton cœur la respire [la vengeance]
(1272)

et il dira encore dans *Pompée* : c'est ma mort qu'ils respirent (1429). Le dictionnaire de l'Académie de 1694 consacrera à son tour cette acception : « souhaiter ardemment », sans limiter cet emploi aux propositions négatives. On le trouvera d'ailleurs plus tard, chez Voltaire et même chez Chateaubriand. Et enfin, dernière métamorphose sémantique : respirer au sens (*f*) de faire pénétrer dans l'âme.

Laquelle de ces acceptions allons-nous donc choisir ? La dernière est à écarter parce qu'elle aboutirait dans la bouche de Phèdre à un contresens. Hippolyte peut dire que l'air qu'il respire est un air impur, empoisonné et que le fond de son cœur est pur. Phèdre, au contraire, est victime d'une mortelle dégradation intérieure de son être, elle se voit comme la seule tache à l'innocence de l'univers ; en mourant, elle rend au jour toute sa pureté première. Mais que dire des autres sens que nous offre notre tableau, si riche et si varié ? Pourquoi ne pourrait-on pas choisir par exemple le sens *c* et assimiler sémantiquement la respiration de Phèdre à celle d'Esther ?

Dans notre éventail une ligne sépare les deux aspects du mécanisme respiratoire (expirer, inspirer) ; eh bien ! il se trouve que cette ligne ne répond pas seulement à un fait physiologique, elle répond, chose remarquable, à un fait *de syntaxe* : jamais, en effet, on ne trouve en français le sens *c* ou le sens *d* construit avec un nom de personne ou un pronom personnel. Racine pouvait donc très bien dire :

Tout respire en Esther l'innocence et la paix

mais il n'a jamais dit, et il n'aurait jamais pu dire au même sens :

Esther respire l'innocence et la paix.

Cela aurait signifié tout autre chose : non pas qu'elle les exhale avec tout son être, mais au contraire qu'elle les *souhaite* (sens *e*), qu'elle les convoite de tout son cœur ne les ayant pas encore acquises. A propos du vers de Phèdre que nous étudions, un seul éditeur du texte me semble en avoir compris le sens, et cet éditeur est un Anglais, il s'appelle Knight, et je suis très fier de pouvoir dire que c'est un de mes anciens élèves d'Oxford. Très fin racinisant, il a compris la nuance que je cherche à définir, et il a dit dans une note de son édition, « No example has been quoted in French of the verb in this sense after a personal subject. »[71] Phèdre ne pouvait donc pas dire qu'elle exhalait l'inceste et l'imposture, comme Esther l'innocence et la paix. Si telle avait été son intention, elle aurait dit —

Oui, tout respire en moi l'inceste et l'imposture.

Mais si elle l'avait dit, c'en serait fait du crescendo des verbes de volonté dont est fait tout ce mouvement du grand monologue de Phèdre, c'en serait fait du rôle même de Phèdre tel que Racine le voyait. La jalousie de Phèdre, nous l'avons vu, n'est pas là pour motiver un événement ou un acte ; elle n'est là que pour ajouter au supplice de Phèdre une forme encore inconnue de douleur, pour livrer à ses homicides mains une victime de plus. Mais une victime imaginaire, puisque ses mains demeurent innocentes, ou plutôt ne deviennent coupables que par la *pensée* du crime, pensée qui seule condamne Phèdre à une horreur démesurée. Elle ne peut, nous dit Thierry Maulnier, « contempler son miroir, y lire la marque d'un amour ténébreux et illégitime, sans se savoir infiniment plus que coupable... »[72] Délire justicier aussi violent que le délire d'amour, et qui se retourne contre l'impureté du cœur plus violemment qu'il n'aurait fait contre la souillure de l'acte. Dans la scène finale, devant Thésée, le monde, aux yeux de Phèdre mourante, ne saura retrouver sa pureté qu'au moment où elle cessera d'être le récitant d'un crime dont elle aura osé enfin dire le nom.

---

71. La sincérité oblige à reconnaître que la première idée de cette note a été inspirée par Eugène Vinaver, qui dirigeait la collection des *French Classics* des Presses universitaires de Manchester où cette *Phèdre* a paru. — N. de l'Editeur.
72. *Lecture de Phèdre*, p. 83.

XIII

Le vocabulaire racinien ne saurait être étudié qu'à l'aide de toutes les ressources d'analyse poétique et linguistiques dont nous disposons. Je ne distingue d'ailleurs pas entre ces deux termes de poésie et de langage, car poésie et langage n'en font qu'un en l'occurrence. Lorsque Hermione s'écrie en s'adressant à Pyrrhus :

> Je t'aimais inconstant, qu'aurais-je fait fidèle ?

il faut savoir, bien entendu, que c'est là une ellipse, et il faut savoir aussi ce que c'est qu'une ellipse. Une ellipse est un raccourci syntaxique qui réduit la phrase à ses éléments vitaux, essentiels, en effaçant tout le reste. L'esprit n'a même pas besoin de reconstituer ce que le discours efface. Ce qu'Hermione supprime ici c'est quelque chose comme : « *si tu avais été* fidèle ; et ce que certains pédants ont reproché à Racine c'est d'avoir construit la phrase abrégée de telle façon que *fidèle*, syntaxiquement parlant, peut et doit même se rapporter non pas à Pyrrhus, mais à Hermione, sujet de la phrase. Comment se fait-il que rien de tel ne se produit dans l'esprit de ceux qui écoutent Hermione ? Tout simplement parce que l'accord se fait ici *au-dessus* des règles, en vertu d'une certaine logique poétique qui fait que ce qui domine ce vers tout entier, c'est l'image de Pyrrhus, sa fatale inconstance, le rêve irréalisable de sa fidélité. Voilà ce que j'appelle faire une analyse où l'on ne sépare pas les éléments du langage des phénomènes poétiques auxquels ces éléments sont asservis.

L'ellipse, nous disent les grammairiens, efface ce qui n'a pas été dit. La *réticence*, selon ces mêmes grammairiens est identique à l'ellipse dans la mesure où elle aussi supprime ce qu'exige la grammaire stricte, mais elle est tout le contraire de l'ellipse dans ses effets : au lieu d'effacer ce qu'elle ne dit pas elle le souligne au contraire. A la fin de la scène de la déclaration lorsque Phèdre supplie Hippolyte de la punir en la tuant ou, à défaut de son bras, de lui donner son épée, elle s'écrie :

> Ou si d'un sang trop vil ta main serait trempée,
> Au défaut de ton bras, prête-moi ton épée.

Le premier de ces deux vers contient, vous le voyez, un conditionnel, et un conditionnel veut dire souvent qu'il y a une condition supprimée. Quelle condition ? Je pense que c'est quelque chose comme : « Ou si tu penses qu'à me tuer ta main serait trempée d'un sang trop vil. » Ces mots que Phèdre ne prononce pas, n'en deviennent que plus éloquents : ils disent ce que Phèdre redoute le plus, ce qu'elle redoute au point de ne pas pouvoir le dire : *le mépris* d'Hippolyte. Car il ne s'agit pas pour elle de dénigrer le sang qu'elle lui demande de verser ; ce sang n'est *vil* qu'à ses yeux à lui, et l'horreur que Phèdre éprouve à la vue d'Hippolyte immobile, indifférent, insensible est celle du mépris qu'elle devine en lui. Ici, le thème central est relevé, soutenu et approfondi par la réticence, ce qui correspond exactement à la définition classique de ce procédé : on l'emploie, selon les anciens manuels de rhétorique, pour faire mieux connaître ce qui reste inexprimé.

Je croyais autrefois qu'il y avait un cas analogue dans un vers d'*Andromaque*, le vers 278 :

> Hélas ! On ne craint pas qu'il venge un jour son père ;
> On craint qu'il n'essuyât les larmes de sa mère.

Je croyais (avais-je raison ? avais-je tort ?) que dans ce vers il y avait suppression à la fois de la condition et du conditionnel et que la forme complète de la phrase serait : « S'il vivait on craindrait qu'il n'essuyât les larmes de sa mère. » Je partais du fait que cet imparfait du subjonctif supposait un conditionnel, et que le conditionnel supposait une condition. Andromaque, selon cette explication, s'interdisait de dire *s'il vivait* sans doute parce qu'elle n'osait même pas prononcer une phrase qui signifierait *il ne vivra pas*. Je croyais qu'ici comme dans les vers de Phèdre, la lumière frappait une zone verbale laissée vide, dans laquelle s'inscrivaient les paroles destinées à recevoir un surcroît d'expressivité. J'hésiterais aujourd'hui à être aussi formel. Cet imparfait du subjonctif peut, selon certains grammairiens, s'employer sans dépendre d'un conditionnel, pour indiquer simplement un plus haut degré d'incertitude : on craint, dirait Andromaque, cette chose impossible : que sa mère soit consolée par lui. Voilà qui se défend parfaitement bien sur le plan du rôle d'Andromaque, et le vers suivant :

> Il m'aurait tenu lieu d'un père et d'un époux.

n'exprime peut-être pas le sentiment d'Andromaque, mais la pensée qu'elle prête aux Grecs qui cherchent à lui enlever son fils.

Nous voilà amenés presque malgré nous à parler de la syntaxe racinienne — autre sujet à peine effleuré par la critique et que je trouve passionnant. Que de hardiesses dans cette langue si strictement conforme en apparence au bon usage de l'époque ! Avec quelle facilité les entorses faites à cet usage se transforment en trouvailles poétiques !

En règle générale, l'unité de temps exclut, dans la tragédie classique, l'emploi du *passé défini* (passé simple) pour un événement qui a eu lieu le jour où on le raconte. C'est à Charles Maupas que nous devons une des premières définitions de ce qu'on appelait « le défini ».[73] Il dit que « les définis » « infèrent toujours un temps pièça passé, et si bien accompli qu'il n'en reste aucune partie à passer », ce qui peut vouloir dire « à accomplir à l'intérieur de la pièce ». L'opinion des doctes est mieux traduite dans les *Sentiments de L'Académie sur le Cid* qui reprochent à Corneille ces vers :

> Je l'avoue entre nous, quand je lui fis l'affront,
> J'eus le sang un peu chaud et le bras un peu prompt.
>
> (251 s.)

Ce passé défini suppose, dit-on, une coupure « formée par la nuit qui précède la journée présente ». Or aucune nuit ne s'est passée ici entre l'événement et le récit. Et Corneille, pour l'édition de 1682, a récrit ces deux vers comme suit :

> Je l'avoue entre nous, mon sang un peu trop chaud
> S'est trop ému d'un mot et l'a porté trop haut.

Il a pourtant laissé subsister ces deux vers devenus célèbres :

> Viens baiser cette joue, et reconnais la place
> Où fut empreint l'affront que ton courage efface.
>
> (1037 s.)

Pourquoi ? C'est qu'il y avait trouvé une ressource stylistique rare et même indispensable : depuis que Rodrigue a tué le comte, l'injure essuyée par son père est à jamais effacée, et seul le passé simple pouvait marquer cette nuance.

Vous voyez qu'il y a là, pour un dramaturge, la possibilité de tirer de l'emploi ou du non-emploi de ce temps des effets dramatiques qu'il eût été difficile d'obtenir autrement. Comment Racine a-t-il utilisé cette particularité de la stylistique de son temps ? En voici un premier exemple :

> Je songe quelle était autrefois cette ville
> Si superbe en remparts, en héros si fertile,
> Maîtresse de l'Asie, et je regarde enfin
> Quel fut le sort de Troie et quel est son destin.
>
> (*Andromaque* 197 s.)

Là, la règle est scrupuleusement observée : le sort de Troie appartient à un passé, depuis longtemps révolu, et c'est précisément l'emploi du passé simple qui donne ce sens au mot *sort* qui autrement risquerait de se confondre avec *destin*. Je me trompe peut-être, mais mes recherches dans le domaine de l'histoire de ces deux termes ne m'ont pas permis d'établir entre eux une distinction suffisante pour expliquer cette juxtaposition. Certes, *destin* engage l'avenir plus que le présent,

---

73. Ch. Maupas, *Grammaire et syntaxe française*, 1625.

mais *sort* se rapporte au passé aussi bien qu'au présent, et c'est justement dans le domaine du *présent* que les deux termes sont difficiles à distinguer. Si bien que Pyrrhus n'aurait jamais pu dire :

Quel est le sort de Troie et quel est son destin.

On ne comprendrait pas. C'est le passé simple qui sépare ici l'avenir et le présent du passé. Mais il y a des cas, chez Racine, où le fait même d'employer le passé simple *contrairement à l'usage traditionnel* lui confère une signification et comme une dimension nouvelles :

Ne vous suffit-il pas que je l'ai condamné ?...
Que je le hais ; enfin, Seigneur, que je l'*aimai* ?

Que veut dire ici ce passé défini ? C'est un vers qui autorise plusieurs interprétations divergentes — ou complémentaires si l'on veut. Hermione dit-elle à Oreste qu'elle n'aime plus Pyrrhus, qu'elle s'offre à lui, à Oreste, « comme prix d'un tyran opprimé » (ce qui veut dire en latin, mais pas en français, *tué par surprise*), et qu'il faut qu'il tue Pyrrhus pour mériter cet amour ? Ou bien, à la lumière de ce qui suit, à la lumière surtout de ces deux vers de la fin :

Doutez jusqu'à sa mort d'un courroux incertain ;
S'il ne meurt aujourd'hui, je puis l'aimer demain —

ne faut-il pas donner à ce passé simple la valeur d'un *potentiel* qui peut se répercuter sur le présent ? Peut-on dire, d'autre part, que ces deux façons de voir ne sont pas incompatibles, et qu'il y a là dans le discours d'Hermione une *progression* marquée justement par ce passage du passé simple au futur : Hermione ne dit-elle pas d'abord à Oreste qu'elle n'aime plus Pyrrhus, qu'elle l'a aimé une fois, et, pour lui arracher son consentement sur lequel il hésite encore, ne fait-elle pas exprès de passer de cet aveu à la menace — *je puis l'aimer demain ?* N'y a-t-il pas là un *mouvement* qui aboutit à point nommé au résultat voulu ?

Hé bien ! Il faut le perdre et prévenir sa grâce.

Le sort de Pyrrhus, d'Hermione elle-même et d'Oreste est désormais réglé : jamais la mort d'un personnage de tragédie n'a été préparée par des moyens aussi discrets et aussi décisifs à la fois.

Mais voici encore deux exemples très significatifs. Lorsque Mithridate demande à Monime de l'épouser, et qu'elle lui rappelle qu'il lui avait interdit d'y songer, qu'il lui avait rendu sa liberté, Mithridate répond :

J'eus mes raisons alors : oublions-les, Madame ;
Ne songez maintenant qu'à répondre à ma flamme.
(1279 s.)

C'est là une entorse évidente à la règle puisque Mithridate

avait ses raisons à l'acte III, dans la scène qui précède de près l'acte IV. Pourquoi alors ce passé simple ? Je vous laisse le soin de l'expliquer, ou plutôt d'y réfléchir à tête reposée, car c'est un problème qui engage toute l'action de la tragédie de Mithridate et toute la psychologie de son rôle. L'entorse à la règle est ici un procédé poétique — et dramatique — riche de conséquences et de signification. Je me hâte de vous en donner un autre exemple, le plus frappant de tous peut-être, exemple que vous reconnaîtrez aussitôt. Nous sommes au début du III⁰ acte de *Bérénice*, et voici comment s'achève la première scène de cet acte (c'est Titus qui parle en s'adressant à Antiochus) :

> Adieu. Ne quittez point ma princesse, ma reine,
> Tout ce qui de mon cœur fut l'unique désir,
> Tout ce que j'aimerai jusqu'au dernier soupir.
>
> (768 s.)

Ce passé simple érige ici une infranchissable barrière entre le désir et la vérité — le toujours de la passion et le jamais de la vie, qui, dans *Bérénice*, est le véritable rythme de la souffrance. Et ce temps n'est plus simplement un *temps*, une mesure temporelle, c'est quelque chose de bien plus grave et de plus profond. De la règle qui interdit de l'employer lorsqu'il s'agit de ce qui appartient à l'action Racine transpose la signification sur un plan atemporel, celui du tragique humain, et la frontière entre les deux temps devient ainsi l'expression même de cette constante antinomie de l'éternelle passion et de l'éternelle absence.

Ainsi s'opère cette géniale adaptation des ressources grammaticales aux exigences poétiques de l'œuvre. Le passé simple, s'opposant au présent et au futur, tout en creusant dans notre esprit un abîme temporel, signale, à un intervalle de quelques instants, non pas un événement passé, mais un événement à jamais privé d'avenir. Deux modes de vie s'affrontent dans cette juxtaposition des deux temps, qui est à la base de ce que nous appelons le *tragique*. Est-ce tout à fait un hasard que le français d'aujourd'hui s'en débarrasse, et que le présent triomphe sur toute la ligne de son ancien rival ? Le plus grand obstacle à l'intelligence du tragique racinien ne se situe-t-il pas précisément là, dans l'incompatibilité de sa vision atemporelle du destin et de notre asservissement à la notion de *durée* sensible reliant le passé à l'avenir ? Le temps racinien c'est cet arrêt au bord de l'infini, semblable à ce « petit espace que je remplis » où Pascal s'effraie et s'étonne de se voir amené par l' « éternité précédente » [74], par une force cachée. Ce temps est un passé qui refuse l'avenir et se dissocie de lui.

Un mot très remarquable d'un poète mort il y a un peu plus de 20 ans, Joë Bousquet, nous servira peut-être de guide pour des analyses plus poussées, plus fondamentales. Joë Bousquet a dit : « Le langage n'est pas contenu dans la **conscience**,

---

74. *Pensées*, 102 (Sellier), 205 (Braunschvicq).

il la contient. » Et ce même Joë Bousquet a encore dit ceci qui
semble nous rapprocher encore plus du langage racinien :
« L'expression poétique c'est l'apothéose du langage qui uni-
versalise le besoin congénital de l'homme de se poser comme
objet, de sujet qu'il est. » C'est précisément ce que font les
personnages de Racine : ils objectivent leur malheur à travers
la contemplation des mots qui l'expriment. Phèdre objective
son malheur, son crime, l'horreur de ses vœux à travers les
mots qu'elle prononce, par une sorte de tension constante entre
Phèdre sujet et Phèdre objet de la découverte qu'elle fait dans
les ténèbres de son cœur. Racine met ici au service de ce jeu
poétique les ressources — qui l'eût cru ? — du langage précieux : dans le dernier monologue de Phèdre elle se voit un
instant telle qu'elle est :

> Les moments me sont chers, écoutez-moi, Thésée :
> C'est moi qui sur ce fils, chaste et respectueux
> Osai jeter un œil profane, incestueux.

Puis, elle se détache d'elle-même à la faveur d'une métonymie
précieuse :

> Le ciel mit dans mon sein une flamme funeste.
> La détestable Œnone a conduit tout le reste.

Mais elle reviendra dans quelques instants à se voir, elle, de
l'intérieur, à se *dire* avec une aveuglante lucidité :

> J'ai voulu, devant vous exposant mes remords,
> Par un chemin plus lent descendre chez les morts.
> J'ai pris, j'ai fait couler dans mes brûlantes veines
> Un poison que Médée apporta dans Athènes.

Mais à mesure que le poison s'empare de tout son être, elle
s'en détache, elle, de plus en plus :

> Déjà jusqu'à mon cœur ce venin parvenu
> Dans ce cœur expirant jette un froid inconnu ;
> Déjà je ne vois plus qu'à travers un nuage
> Et le ciel et l'époux que ma présence outrage.

Ce *cœur expirant*, c'est elle-même qui se voit désormais, par
une démarche étonnante et pourtant si naturelle du langage,
séparée d'elle-même : il ne s'agit plus de *moi*, mais de *ce cœur
expirant*, comme dans les tout derniers vers sur lesquels
s'achève son rôle elle verra la lumière dérobée à ses yeux et
rendant au jour son plus pur éclat :

> Et la mort à mes yeux dérobant la clarté
> Rend au jour, qu'ils souillaient, toute sa pureté.

Je reviens au premier mot de Bousquet que j'ai cité : « Le
langage n'est pas contenu dans la conscience, il la contient »,
et je voudrais, pour élargir un peu notre horizon racinien, quitter Phèdre pour quelques instants et vous parler de quelques
vers de *Bérénice* :

Hé bien ! régnez, cruel, contentez votre gloire.   (1103 s.)

C'est ici que Péguy découvrait ce qu'il appelle « les vers culminants de la tragédie ». Je voudrais examiner quelques vers de cette scène d'après les principes énoncés par Charles Bally dans son célèbre traité de stylistique française où il dit qu'une page de poésie est avant tout une somme de moyens d'expression que l'écriture a mobilisés au service de l'intention maîtresse du poète. Il ne s'agit certes pas d'un *inventaire* de ces moyens d'expression mais de la recherche de leur *harmonie* profonde, de l'accord plus ou moins secret, plus ou moins subtil, plus ou moins apparent entre eux, ainsi qu'entre le but visé et les moyens mis à la disposition de ce but. Gardons-nous bien d'ailleurs de faire une distinction trop absolue entre commentaire grammatical et commentaire littéraire : n'oublions pas que le terme de *littérature* n'est qu'une traduction latine du mot grec *grammatica*, et la grammaire, l'analyse grammaticale n'est qu'une sorte d'échafaudage indispensable à toute lecture poétique réfléchie.

Suivons donc le déroulement de ce texte, moment par moment sans nous demander si nous faisons un travail de grammairiens ou de littéraires.

On a beaucoup parlé de la résonance de ce mot *cruel* chez Racine, et Péguy a dit à ce sujet des choses très éclairantes : il l'appelle mot « central », « intérieur », « non pas une applique extérieure, mais un mouvement réellement central, profondément intérieur qui revient toutes les fois que cela devient nécessaire. » [75] Nous l'avons trouvé déjà une fois, employé exactement comme le dit Péguy, dans le dernier monologue d'Hermione adressé à Pyrrhus : « Je ne t'ai point aimé, cruel, qu'ai-je donc fait ? » et nous avons constaté combien ce mot est actif, à quel point il détermine toute la suite de l'action. Stendhal avait beau prétendre qu'il pouvait se passer de Racine. Sans en être conscient, il reprend dans *Le Rouge et le Noir* comme dans la *Chartreuse* le même procédé : ses personnages arrivent à *cerner* leurs sentiments, à prendre exactement conscience de ce qu'ils pensent et de ce qu'ils sentent lorsqu'ils ont trouvé, reconnu le mot qui sert à déterminer cette pensée ou ce sentiment. Mais la prise de conscience que détermine l'emploi de ce mot se diversifie selon le mouvement du texte : *cruel* revient quelques vers plus bas, dans la même situation rythmique, au vers 1112 de *Bérénice* :

Combien ce mot cruel est affreux quand on aime.

Ces deux emplois du même mot donnent le ton à deux répliques qui se succèdent immédiatement ; parallèlement placés, ils reportent si je puis dire de l'un sur l'autre, ils sont comme deux invocations au seuil des deux mouvements de révolte, de colère, d'indignation d'abord, mouvement de douleur à jamais inapaisée ensuite.

---

75. *Op. cit.* (v. la n. 24 *supra*), p. 442.

Oui, de douleur à jamais inapaisée, réveillée par le vers qui précède :

Je n'écoute plus rien, et pour jamais adieu.

Vous y retrouvez le phénomène poétique que nous avons si souvent constaté ailleurs : le revirement déterminé par un excès de clarté avec laquelle le personnage arrive à se dire ce qui est *indicible*. Ici, nous en avons un exemple particulièrement frappant, précisément parce que les huit vers où s'expriment l'indignation et la révolte de Bérénice sont d'une froideur voulue, extrême, et les deux vers qui les encadrent sont comme les deux serres d'un étau glacial, coupant, tranchant comme une lame implacable. On peut, en s'y attachant davantage, y discerner un mouvement poétique très racinien, rarement perçu d'ailleurs, une alternance de froideur et d'incandescence, comme des morceaux de métal incandescent qui alternent avec des tranches de métal glacé : grammaticalement cela se traduit par des *pleins* et des *déliés* qu'on appellerait en grammaire *membres* et *incises* : des morceaux de phrase *pleins* qui devraient se suivre, mais qui sont coupés par des *incises*.

> Je ne dispute plus. *J'attendais*, pour vous croire
> *Que cette même bouche*, après mille serments
> D'un amour qui devait unir tous nos moments,
> *Cette bouche*, à mes yeux s'avouant infidèle,
> *M'ordonnât elle-même une absence éternelle.*

Quatre membres et trois incises : comme deux fils qu'on entrecroise, et tantôt l'un paraît tantôt l'autre : jeu syntaxique qui a une double valeur, symbolique et musicale : symbolique dans la mesure où il traduit le tumulte de l'âme et constitue l'équivalent poétique d'un discours haletant, entrecoupé de soupirs, musicale dans la mesure où cette ordonnance d'un mouvement par étapes permet de marquer un crescendo et donner à l'ensemble un caractère ascendant.

Le deuxième mouvement commence par cet inoubliable coup d'archet :

Pour jamais ! Ah ! Seigneur, songez-vous en vous-même
Combien ce mot cruel est affreux quand on aime ?

Tout à l'heure, au vers 1103, Bérénice reprenait un mot qui appartenait à Titus, un mot d'action *extérieure*, le mot régner, elle le reprenait pour le lui rejeter : « Hé bien, régnez, cruel ! » Elle le rejetait parce qu'elle le répudiait, parce que pour elle ce règne, cet acte de régner était le plus *cruel* des actes. Ici, elle reprend le mot *pour jamais*, mais c'est son mot à elle, ce n'est plus un mot d'action, c'est au contraire un mot de refus, de négation douloureuse ; elle le reprend, mais non pas pour le rejeter, pour le renvoyer à Titus ; elle le reprend dans un mouvement qui va droit au plus intime d'une conscience ; elle le reprend, ce mot, pour demander à Titus de le regarder de près, de le contempler avec amertume :

Combien ce mot cruel est affreux quand on aime.

Démarche souverainement poétique : objectivant l'idée même
de la séparation (notez ce « quand *on* aime ») elle demande
à celui qu'elle aime de prendre conscience de son malheur à
lui, de son malheur à elle, à travers et par la contemplation
du mot qui exprime, qui incarne ce malheur. C'est cela, l'action
tragique telle que Racine la conçoit, et c'est cela aussi l'objectivation de cette action. Et, tout comme dans le monologue
final de Phèdre, dans le monologue de la mort, le personnage
parlant *sujet* alterne superbement avec le personnage parlant
objet :

> Dans un mois, dans un an, comment souffrirons-nous,
> Seigneur, que tant de mers me séparent de vous ?

Ils sont là tous les deux, moi, vous, nous. Et puis :

> Que le jour recommence et que le jour finisse
> Sans que jamais Titus puissse voir Bérénice...

Cette démarche est étonnante : il ne s'agit plus de « moi », il
ne s'agit plus de « toi » ni de « nous », il s'agit de Titus et
Bérénice nommés par elle-même ; puis, elle reprend l'autre
mélodie, celle qui est dominée par la première personne du
singulier.

> Sans que de tout le jour je puisse voir Titus ?

Ce procédé, si procédé il y a, est un des très hauts secrets des
grands personnages raciniens, au même titre que le procédé
de l'alternance des pleins et des déliés, des membres de phrase
et des incises : procédés grammaticaux, bien sûr, et en même
temps procédés poétiques qui amènent dans l'œuvre de Racine,
ce mariage de la grammaire et de la poésie que célébrait déjà
en plein moyen âge Etienne de Tournai dans un vers souvent
cité où il dit comment la poésie vient à nous *répondant à l'appel de la grammaire.* [76] Nous dirions plutôt que ce ne sont pas,
dans le cas d'un poète, des entités autonomes, mais des aspects
d'un effort homogène, qu'il est tout à fait inutile de décom-
poser en distinguant les jeux de la grammaire du travail poétique qui leur donne leur sens. Le texte que vous avez sous
les yeux est en somme une reprise, avec variations, d'un
thème déjà posé à l'acte précédent (vers 895) où en réponse à
Antiochus qui dit : « il faut vous séparer », Bérénice s'écrie :

> Nous séparer ? Qui ? Moi ? Titus de Bérénice ?

Vous voyez là la même objectivation progressive, la même
prise de conscience progressive devant un malheur inéluctable.
Pour en prendre conscience il faut que Bérénice se pose, elle,
et qu'elle pose celui qu'elle aime en face d'elle-même, comme

---

76. *Venit ad Grammatice Poesis hortatum.* — Curtius, *op. cit.* (v. la
n. 1, *supra*), p. 53.

objets. Et vous trouverez le même mouvement repris dans une tonalité plus sombre encore dans la cinquième scène de l'acte V qui est le début du dénouement, puisque Titus et Bérénice restent en scène jusqu'au bout. Dénouement qui transmute le drame subjectif de Bérénice en drame qui atteint par un procédé d'objectivation son état tout racinien de tristesse majestueuse. Et c'était là, si l'on veut pousser un peu plus loin cette idée, le véritable équivalent classique français de ce qu'était la déploration chez les Grecs qui, au lieu de laisser la tragédie s'achever sur un acte violent la prolongeaient en scènes pathétiques, souvenir de la lamentation primitive ; en grandes scènes pleines de lyrisme où la passion du héros principal débordait — le mot est de Nietzsche — « comme la crue puissante d'un large fleuve ». L'effet dramatique s'en trouvait renforcé, laissant la douleur prolongée et approfondie se répandre dans les âmes en se généralisant et en faisant ressortir ainsi le caractère définitif, immuable des puissances qui fondent par leur universalité même le vrai, l'inéluctable tragique.

XIV

Ré-entendre une scène de Phèdre, c'est revivre et redécouvrir des instants précieux, indéfinissables, dont chaque reprise est enrichissante. Car jamais — et c'est là une de leurs particularités les plus étonnantes — jamais les grandes scènes de Racine ne semblent se prononcer de la même façon deux fois de suite. Nous entendrons d'abord deux lectures très différentes de la scène de la déclaration de Phèdre (II 5), ensuite la scène de la mort de Phèdre et enfin, pour terminer, la scène entre Thésée et Hippolyte (IV 2). Dans les deux variantes de la scène de la déclaration, nous entendrons deux interprètes : Maria Casarès et Marie Bell. Vous vous rappelez, je pense, que cette scène se présente d'abord comme un dialogue, mais un dialogue très différent de la plupart des dialogues dramatiques : au lieu d'amener la déclaration, les répliques qu'échangent Phèdre et Hippolyte semblent au contraire la rendre de moins en moins facile, de moins en moins réalisable : l'ambiguïté des propos de Phèdre est telle qu'Hippolyte peut se méprendre sur ses sentiments, peut s'imaginer qu'elle « languit et brûle pour Thésée ». A chaque réplique il trouve un nouveau prétexte pour ne pas deviner ce qui se passe dans le cœur de Phèdre, il y trouve une nouvelle planche de salut et pour elle et pour lui-même :

Je vois de votre amour l'effet prodigieux.
Tout mort qu'il est, Thésée est présent à vos yeux.

Pour qu'il voie l'effet de cet amour, il faut, bien entendu, que Phèdre se trahisse le moins possible, que ses paroles conservent, dans la diction, leur ambiguïté, que chacun de ses propos soit à la fois un aveu à Thésée dans l'esprit d'Hippolyte, et un aveu d'amour inavouable, incestueux dans son esprit à elle. Que Phèdre laisse éclater sa passion dans la partie dialoguée de cette scène, et toute sa délicate structure est par terre : on se demanderait alors pourquoi Hippolyte tarde tellement à comprendre de quoi il s'agit. Voilà qui fait la principale difficulté de la scène pour ses interprètes. Et vous verrez que c'est là surtout que les deux interprètes du rôle, Maria Casarès et Marie Bell, se séparent : en écoutant Maria Casarès vous vous direz sans doute qu'Hippolyte n'a pas l'intelligence très vive : n'importe qui à sa place aurait compris à qui s'adressent ces paroles qui vibrent d'une violente, d'une irrésistible passion. Par contre, Marie Bell respecte cet aspect du texte ; certes, elle dit moins bien les vers, mais c'est précisément ce qui lui permet de rester en deçà de l'aveu et par conséquent plus fidèle à l'intention du poète, qui est de nous communiquer ce qu'Hippolyte n'entend pas — ou ne comprend pas. Elle donne aux vers de Phèdre dans cette première partie de la scène une sonorité neutre, un peu éteinte, et on en retire l'impression d'un enchaînement de malentendus. Premier malentendu : ce soin « bien différent », qui trouble Phèdre et la dévore, Hippolyte l'interprète comme la pensée de la mort de Thésée, alors qu'en réalité Phèdre parle ici de tout autre chose. Il comprendra encore moins lorsque Phèdre, dans un début d'hallucination, croira voir son époux...

> Je le vois, je lui parle, et mon cœur... Je m'égare,
> Seigneur, ma folle ardeur malgré moi se déclare.

Ce n'est pas, si l'on s'en tient au sens littéral des mots, Hippolyte qu'elle voit devant elle, c'est Thésée, comme s'il était encore de ce monde, mais c'est le début du mouvement qui d'étape en étape la conduira à l'aveu. Ce qui est remarquable dans ce deuxième malentendu c'est qu'il se situe juste là où commence une sorte de glissement irrésistible vers le rêve qui unira Phèdre à Hippolyte. Vous savez que Racine a emprunté toute cette scène à Sénèque et à Garnier, et c'est à Garnier surtout qu'il devait l'idée de la substitution d'Hippolyte à Thésée dans la pensée de Phèdre :

> Si nous vous eussions vu quand votre géniteur
> Vint en l'île de Crète, Ariadne ma sœur
> Vous eût plutôt que lui par son fil salutaire
> Retiré des prisons du roi Minos, mon père.

Substitution raisonnable et réfléchie qui prélude à la première phase du rêve auquel s'abandonne la Phèdre de Racine. Ce rêve, elle se le dit presque à mi-voix comme le plus cher et le plus horrible de ses vœux, et il faut, pour ne pas le déformer, apporter à sa lecture ce que les musiciens appellent un legato — une façon très unie et très naturelle de les dire, comme s'ils survolaient la terre sans jamais l'effleurer du bout des ailes, pour qu'on se sente porté irrésistiblement par un discours qui cesse de plus en plus de l'être pour se transformer en chant. La magie des mots assume ici le rôle que jouaient autrefois les puissances célestes résolues à acculer l'homme à son sort.

[Audition des deux versions]

Pour la scène finale de la tragédie nous avons de nouveau ces deux interprètes, mais ici c'est Marie Bell qui nous donne une vraie leçon de diction en nous apprenant comment il ne faut pas lire Racine. Parce qu'il s'agit de la scène de la mort de Phèdre, Marie Bell a tenu, semble-t-il, à nous faire sentir l'approche de la mort en disant les vers avec une voix qui s'éteint progressivement jusqu'à devenir inaudible. Exemple frappant du procédé naturaliste, qui s'avère aussi mal venu en récitation que dans les raffinements de mise en scène. Manger du vrai poisson sur la scène comme on le faisait à l'époque du Théâtre Antoine, c'est affirmer que tout doit être vrai dans un spectacle et c'est montrer d'autre part que ce qui est vrai paraît toujours *gêner* la vraisemblance au lieu de l'appuyer. Le théâtre ne devient agissant que lorsque tous ses éléments revêtent une certaine valeur symbolique au sens large du terme : le théâtre n'imite pas la vie comme la voix du perroquet imite celle des êtres humains ; et c'est précisément parce qu'il est un art d'interprétation et non d'imitation qu'il agit si puissamment sur l'esprit des spectateurs. Je vous rappelle ce que j'ai dit à ce sujet il y a quelques mois : l'action d'une pièce comme *Phèdre* se trouve enfermée dans un monde imaginaire, qui est celui du spectacle, monde qui est en rupture totale avec ce que nous appelons le monde réel, séparé du réel par une marge qui l'encadre et l'isole. L'action se meut à l'intérieur de ce cadre, et elle se meut selon un rythme qui lui est propre, rythme de convention — gestes, paroles stylisées, langage élevé à une certaine altitude qui n'est pas celle du langage parlé de tous les jours. D'où le rôle du vers racinien dans l'action d'une tragédie. Dès qu'on en fait une imitation du vrai, on lui enlève toute puissance d'évocation et de représentation. Marie Bell ne semble pas avoir compris ce principe élémentaire de toute esthétique qui veut que tout art soit une transposition du réel dans un registre irréel. La parole humaine dont est fait le discours racinien ne relève plus de l'ordre de la parole, mais bien de celui du poème, et pour lui donner toute sa valeur en la prononçant il faut par conséquent la dire selon les exigences du texte poétique et non selon celles de l'imitation directe des phénomènes naturels tels que l'extinction de la voix chez les agonisants. Résultat : en écoutant Marie Bell qui râle en prononçant les vers sur lesquels s'achève le rôle de Phèdre, on ne croit plus à sa mort, on ne la voit plus mourir, on entend une femme atteinte d'aphonie et on a envie de lui dire qu'elle se fasse un gargarisme ou qu'elle se taise pour ménager le peu de voix qui lui reste. A force de vouloir imiter littéralement la vie on s'en éloigne irrémédiablement. Même remarque d'ailleurs pour la façon dite « naturelle » de dire les vers. Puisque le vers lui-même est un artifice, c'est pêcher contre sa nature même que de ne pas en tenir compte, de ne pas respecter la coupe rythmique, les valeurs euphoniques, la musicalité enfin, et tout ce qui éloigne le vers de la prose. « On n'entend rien... aux héros raciniens si on les sépare de leur inséparable mélodie. » Cette parole de Pierre Guéguen, [77] un des rares critiques de notre siècle qui se soient vraiment occupés de la poésie de Racine, est à retenir. Oui, mélodie inséparable de l'existence même des personnages. *Tristesse majestueuse* — c'est ainsi,

---

77. *Poésie de Racine*, 1946, p. 28.

vous vous rappelez bien, que Racine définissait l'émotion tragique dans la Préface de *Bérénice*. Ajoutons que chez lui « la
majesté musicale l'emporte sur la tristesse, et la musique
magique sur la majesté même. » Andromaque, dit encore Guéguen, « attendait Racine pour aimer si mélodieusement Hector ;
Phèdre, pour chérir à ce point le chasseur Hippolyte... La
rédemption, chez Racine, c'est l'euphonie ». Racine, lui, appre-
nait à la Champmeslé à dire ses vers. Qui apprendra jamais à
une Marie Bell ou même à une Maria Casarès à les dire comme
Racine voulait qu'ils fussent dits ?

La voix de Phèdre, toujours prête à s'éteindre, il ne faut surtout pas qu'elle s'éteigne sur la scène physiquement, maté-
riellement, car son extinction est un fait poétique et non un
fait physique.

> J'ai voulu, devant vous exposant mes remords,
> Par un chemin plus lent descendre chez les morts.

La mort de Phèdre est l'aboutissement de ce chemin *plus lent*,
de la noire agonie à laquelle se réduit finalement toute la pièce.
Dans ce dernier éclair doit nous apparaître l'image enfin ache-
vée d'une âme condamnée à se connaître et à se juger. C'est la
poésie de l'égarement et de la reconnaissance qui détermine
ce mouvement et lui donne son rythme et sa puissance. Il faut
donc que les vers, et les vers seuls, se chargent de nous rendre
présente toute la vie qui s'éteint ainsi lentement sous les feux
de la rampe au soir d'une fatale journée. Nos interprètes y
réussissent-elles ? Écoutons-les.

[Audition]

Enfin, voici la grande scène de l'acte IV où se joue le sort
d'Hippolyte — la scène de l'égarement de Thésée. Je vous rappelle que dans l'*Hippolyte* d'Euripide Thésée livre son fils à
Poséidon, (c'est-à-dire à Neptune) sans se donner un instant de
réflexion. Racine, par contre, se donne la tâche de suppléer à
l'insuffisance de cette scène en y ajoutant tout un mouvement
nouveau qui prépare la malédiction paternelle. Et ce que nous
allons entendre tout à l'heure est un des grands prodiges de
la tragédie poétique qui se remet ici au texte poétique du soin
de faire progresser l'action. Ce n'est pas la découverte du prétendu crime d'Hippolyte qui pousse Thésée à agir, c'est le fait
qu'il trouve en lui-même, à l'aide des seules ressources de la
poésie, le sens de cette découverte. Et vous verrez, en écoutant le grand monologue de Thésée au début de cette scène,
comment tout en s'interdisant toute violence, tout en conju-
rant Hippolyte de fuir son courroux, il avance inéluctablement
vers une vision tellement nette, tellement horrible de sa gloire
souillée, que son geste vengeur s'impose impérieusement à lui
comme si c'était la suite naturelle de ses propres paroles. La
vision d'un éternel opprobre que seul le sang du criminel peut
laver, force Thésée à agir en retraçant à ses yeux l'horrible
aspect du fils impur : et seule cette vision amène et précipite
l'acte qu'il s'était d'abord interdit. Il **se produit** là (j'espère

qu'Escande vous le fera sentir) une sorte de *durcissement* de l'illusion, tout à fait analogue à ce qui se passe lorsque Sophocle jette ses héros dans l'égarement total : l'illusion durcie par la folie tragique s'empare de l'âme du héros et le pousse vers le geste irréparable, meurtrier.

On peut se demander d'ailleurs à quoi sert le dialogue qui suit la prière adressée à Neptune — pourquoi faut-il que Thésée condamne Hippolyte à l'exil puisqu'il l'a déjà condamné à mort ? Il y a beaucoup de choses à dire à ce propos. Tout d'abord, ceci : dans *Phèdre*, visiblement, Racine affirme la primauté du monologue et l'inefficacité relative du dialogue. Tout ce qui se passe dans *Phèdre* de tragiquement décisif s'explique par des mouvements monologués, et non dialogués : la déclaration de Phèdre dans l'acte II, la condamnation d'Hippolyte par Thésée, la *douleur non encore éprouvée* et tout le mouvement de reconnaissance tragique dans l'acte IV, où Phèdre n'a pour ainsi dire pas d'interlocuteurs. Le dialogue existe, mais il existe pour faire évoluer les choses sur un plan secondaire : il sert par exemple à apprendre à Aricie qu'Hippolyte l'aime, et à Hippolyte qu'il en est aimé ; il sert aussi à éloigner Hippolyte de la cour et à motiver la scène des adieux d'Hippolyte et d'Aricie à l'acte V. Dans quelle mesure la tragédie de Thésée lui-même dépend-elle des dialogues ? La reconnaissance tragique de Thésée se produit déjà en lui-même dans la scène 3 de ce même acte IV, qui est un monologue, comme d'ailleurs plus tard : les dialogues qui s'engagent d'abord entre lui et Aricie, puis avec Théramène et Phèdre elle-même ne font qu'accentuer un processus qui se produit déjà spontanément lorsque d'odieuses lumières éclairent les ténèbres de son cœur.

Et d'ailleurs nous savons que dans une première version de *Phèdre*, il y avait entre la scène de la calomnie et la rencontre avec Hippolyte un monologue de Thésée que Racine a dû supprimer avant l'impression définitive. Nous le savons parce que Subligny, dans sa *Dissertation sur les tragédies de Phèdre et Hippolyte* [78] critique justement cette scène qu'il trouve dramatiquement inutile. A son avis, au lieu de monologuer sur ce qu'il vient d'apprendre Thésée devrait « aller chercher auprès de Phèdre ou d'Œnone des preuves plus solides de cette affreuse accusation ». Pour Subligny, comme sans doute pour la plupart de ses contemporains, un personnage de tragédie doit *agir* au lieu de se parler à lui-même, et agir dans ce genre de théâtre, c'est parler aux autres, chercher des preuves solides, comme dit Subligny, c'est-à-dire des preuves objectives, tangibles. Il est probable que Racine a supprimé ce monologue de Thésée pour se conformer au goût du temps, mais il est certain qu'un tel monologue répondait mieux qu'autre chose à sa façon de concevoir et de construire un rôle tragique. Qui sait d'ailleurs ? Peut-être cette scène disparue contenait-elle déjà sinon la totalité, du moins une grande partie du mono-

---

78. In F. Granet, *Recueil de dissertations sur plusieurs tragédies de Corneille et Racine* (1740), Hildesheim-New York, 1975, II, 389-90.

logue de Thésée que nous lisons au début de la scène avec
Hippolyte, puisque malgré le mode impératif qui domine les
propos de Thésée — *Fuis, traître* — *Prends garde* — *purge tous
mes états* — son discours a un caractère profondément intérieur. Il n'est même pas certain qu'Hippolyte ait entendu les
douze derniers vers — ces vers qui le condamnent à mort en
le livrant à Neptune. Tout ce qu'il semble avoir retenu du discours de Thésée c'est que Phèdre l'accuse, lui Hippolyte, d'un
amour criminel, et le dialogue s'engage sur son aveu de confu-
sion et de stupeur.

Il fallait, disais-je tout à l'heure, préparer par ce dialogue
l'exil d'Hippolyte, car l'exil seul pouvait motiver la scène des
adieux de l'acte V. Ainsi cet échange de violentes répliques est
nécessaire pour assurer la suite des événements qui constituent l'intrigue secondaire, celle qui engage Aricie et Hippolyte. Mais il est peut-être nécessaire aussi pour une autre raison : il faut que Phèdre apprenne l'existence de cette intrigue,
il faut que quelqu'un lui dise qu'Hippolyte aime Aricie. Qui
peut donc le lui dire sinon Thésée ? Comment Thésée peut-il
l'apprendre lui-même sinon de la bouche même d'Hippolyte ?
Et pour amener Hippolyte à avouer qu'il aime Aricie malgré
la défense de son père, ne faut-il pas que celui-ci le mette au
pied du mur, et qu'il n'ait point d'autre moyen de prouver son
innocence en ce qui concerne Phèdre ?

> Aricie à ses lois tient mes vœux asservis.
> La fille de Pallante a vaincu votre fils.

Thésée n'en croira rien, mais n'importe : il le dira à Phèdre,
et lui seul pourra le lui dire. Voilà, je pense, quelle est la
vraie justification de la partie dialoguée de cette scène, justification qui relève des préoccupations de Racine dramaturge,
Racine architecte de l'œuvre. Raison de plus pour insister
sur l'existence de ces deux versants du théâtre racinien : le
versant de la tragédie poétique et celui du drame où règnent
l'intrigue et parfois les coups de théâtre romanesques. Je
vous signale cette profonde dualité de l'art racinien, drame
et poème dramatique à la fois, quitte à en parler plus longuement dans nos prochaines réunions. Mais la parole est maintenant à Escande, ou plutôt à Thésée dont j'espère qu'Escande
nous fera sentir la grandeur majestueuse et l'héroïque et fatal
égarement.

[Audition]

XV

Nous venons de reconnaître dans l'œuvre de Racine, dans le massif si varié de ses tragédies profanes, ces deux versants : celui que l'on pourrait appeler le versant de l'action, et le versant du tragique intérieur ; ou si vous préférez une terminologie plus simplifiée, le versant du tragique ancien, et celui de la dramaturgie moderne. Le tragique intérieur, issu du tragique ancien, est bien celui des deux pièces auxquelles nous consacrons essentiellement nos entretiens : *Andromaque* et *Phèdre* ; et c'est aussi, bien entendu, celui de *Bérénice*. Sur le versant de la dramaturgie moderne se situent *Britannicus* et *Bajazet* qui, dans le théâtre de Racine, correspondent à une sorte de rupture provisoire avec le tragique ancien. Ce sont là, évidemment, deux formes très différentes de la dramaturgie moderne, *Britannicus* étant en quelque sorte l'apogée, au XVIIe siècle, du théâtre classique, où l'action, resserrée autour d'un problème unique, obéit entièrement au jeu des volontés et des sentiments, *Bajazet* adoptant momentanément une dramaturgie baroque, soumise aux caprices du hasard, ce qui n'empêche pas ces deux pièces de se ressembler dans la mesure où l'une et l'autre jouent sur l'incertitude du dénouement et l'intérêt de curiosité qu'excite cette incertitude. Classique ou baroque, le théâtre de l'époque de Racine ne saurait se concevoir en dehors de ce culte de l'intrigue, du problème à résoudre : la solution dans *Britannicus* est amenée par des moyens purements discursifs : chaque acte y est divisé en tranches symétriques qui tantôt retardent, tantôt précipitent la catastrophe, et chaque revirement y survient à point nommé à la suite d'une série de discours savamment disposés. Dans *Bajazet*, les moyens discursifs s'avèrent insuffisants : le poète admet dès le début l'importance primordiale du hasard — de l'arbitraire, de l'imprévu, appelés à apporter au complot ourdi par les hommes les solutions qu'ils redoutent, ou qu'ils souhaitent. L'intérêt de curiosité y joue un rôle d'autant plus important, qu'en écoutant les discours d'Acomat dans la scène de l'exposition au premier acte on ne voit vraiment pas comment cet *embarras* si complexe pourrait jamais se résoudre sans l'intervention d'incidents fortuits qui tranchent les problèmes d'une manière décisive. On est là dans un véritable labyrinthe d'intrigue, et on a beau être nourri dans ce sérail comme Acomat et en

connaître les détours, le simple exercice de la raison et de la
puissance du discours n'y peut rien ; il faut, pour arriver au
résultat voulu, livrer la scène au jeu des ruses tantôt réussies,
tantôt manquées.

Le public de l'époque aimait précisément ces deux genres de
spectacles : les doctes se délectaient de l'admirable précision
technique de *Britannicus*, le public moins évolué aimait les
effets de surprise, auxquels le théâtre sérieux, comme le théâtre
comique et tragi-comique, l'avait depuis longtemps habitué. Le
chef-d'œuvre de ce genre est sans doute l'*Héraclius* de Corneille : là, toute l'action repose sur le fait que Martian est pris
pour Léonce et Héraclius pour Martian. Allant plus loin on
pourrait dire que ce qui amuse et captive l'imagination du
public de la seconde moitié du XVIIᵉ siècle c'est une série d'événements qui prolonge l'attente du dénouement et qui se résout
par un événement auquel personne ne s'attendait d'abord, mais
que l'on reconnaît à la réflexion comme étant vraisemblable,
lié à tout ce qui précède, et permettant ainsi au spectateur de
se dire que la chose « s'explique », comme on dit que ce qui est
arrivé, *devait* arriver. Ainsi se précisent, sous la plume de
Racine, les types de tragédie qui lui permettront, dans la dernière phase de son évolution, de faire flèche de tout bois et
de s'acheminer vers une nouvelle synthèse des diverses formes
d'action.

Et cette synthèse coïncidera avec le retour de Racine au
monde grec qu'il semblait avoir abandonné dans ses pièces
romaines ainsi que dans *Bajazet*. Pourquoi y revient-il ? On a
voulu expliquer ce retour comme un effort pour défendre l'antiquité grecque contre les fautes de goût qu'avait commises
certains contemporains de Racine qui prétendaient s'en être
inspirés, et surtout les auteurs d'opéra. Car nous sommes à
l'époque de la naissance de la *tragédie lyrique* (ce qui veut dire :
mise en musique) de Lulli et de Quinault dont la collaboration
commence en 1672, un an après la fondation de l'Académie
royale de Musique. Le troisième ouvrage de Quinault et Lulli,
joué à Versailles quelques jours seulement avant la première
d'*Iphigénie* en juillet 1674, s'inspire d'Euripide : c'est l'opéra
intitulé *Alceste*, adapté, avec une liberté qui choquerait tout
véritable imitateur des anciens, d'une pièce célèbre du poète
grec. Cet opéra était en répétition dès 1673, et on a cru pouvoir
affirmer que Racine a conçu son *Iphigénie* pour opposer à cette
caricature de l'antiquité quelque chose de plus pur, une imitation d'Euripide digne de son modèle, et qui ne s'en écarte que
dans la mesure où elle obéit soit à la vraisemblance, soit aux
principes tirés d'Aristote. Infliger aux auteurs d'opéra une leçon
d'antiquité d'une part et une leçon de bonne tenue littéraire,
voilà quelle intention aurait, selon certains critiques, motivé
Iphigénie. [79]

---

79. Et. Gros, *Philippe Quinault*, 1926, pp. 730 s. ; R.C. Knight, éd.
Phèdre, Manchester, 1943, pp. xiii s., et *Racine et la Grèce*, 1951, pp.
328 s.

Ce qui est vrai, c'est qu'à l'époque où Racine songe à *Iphigénie* et se met à l'écrire, son orientation classique se précise de diverses façons. Il revoit ses préfaces en vue d'une édition complète de ses pièces (qui paraîtra en 1676, un an avant *Phèdre*) pour y introduire des références aux poètes de l'antiquité. Et dans la Préface d'*Iphigénie* il se placera résolument sous l'égide et la protection d'Euripide. Pour la première fois depuis *La Thébaïde*, il adoptera une pièce grecque : non pas seulement, comme dans *Andromaque*, une légende grecque. Loin de dissimuler les emprunts qu'il y fera, il s'en glorifiera. On a prétendu qu'*Iphigénie* marque une rupture avec le passé ; l'amour violent, passionné, déraisonnable n'y est plus à la même place que dans *Andromaque*, dans *Bajazet* ou même dans *Britannicus*, car Eriphile après tout est un personnage de deuxième rang. Racine revenait-il ainsi à une forme de tragédie où les liens qui unissaient les personnages principaux entre eux n'étaient plus des passions non partagées et où le centre d'intérêt était un dilemme tragique indépendant de leur vie amoureuse ?

Tout cela est possible, et le projet d'*épurer* le théâtre n'était certes pas étranger à l'esprit de Racine au moment où il projetait *Iphigénie*. Encore faut-il s'entendre sur le sens de ce terme. Que veut dire « épurer » lorsqu'il s'agit d'une pièce dont le sujet est inconcevable en dehors d'un certain appareil mythologique ? La Préface d'*Iphigénie* semble condamner le merveilleux : « Quelle apparence, dit Racine, de dénouer ma tragédie par le secours d'une déesse et d'une machine, et par une métamorphose, qui pouvait bien trouver quelque créance du temps d'Euripide, mais qui serait trop absurde et trop incroyable parmi nous ? » Eschyle, Sophocle et Lucrèce parlaient du *sacrifice* d'Iphigénie ; par contre Euripide et Ovide, ayant eu pitié de cette jeune princesse, la faisaient enlever et porter dans la Tauride au moment où on allait la sacrifier, et faisaient intervenir Diane pour trouver à la place d'Iphigénie une biche. Voilà ce que Racine refuse d'admettre : il ne veut pas faire dépendre le dénouement du secours d'une déesse, et vous savez par quelle ingénieuse manœuvre il arrive à s'en dispenser. Il substitue à Iphigénie une autre Iphigénie, qui porte le nom d'Eriphile. En ce faisant, il s'appuie sur une légende accréditée par Pausanius, légende selon laquelle l'Iphigénie sacrifiée par les Grecs était la fille d'Hélène et de Thésée. Hélène n'avait pas osé l'avouer pour sa fille, parce qu'elle voulait cacher à Ménélas son mariage secret avec Thésée. Et Racine avoue que c'est à Pausanius qu'il doit ce personnage. Il l'appelle l'*heureux* personnage d'Eriphile, « heureux » au sens de « bien trouvé », « heureusement conçu » ; et il ajoute que sans ce personnage il « n'aurait jamais osé entreprendre cette tragédie ».

Arrêtons-nous un moment pour bien peser toutes ces remarques. Racine refuse le secours d'une déesse pour dénouer sa tragédie. Mais pourquoi accepte-t-il alors le secours des dieux pour en justifier les données premières ? S'il cherche à éliminer les dieux, pourquoi admet-il l'idée que pour faire souffler les vents et permettre à la flotte grecque d'avancer vers Troie, il

faut apaiser les dieux, et que pour les apaiser il faut égorger une
jeune fille ? Et ce n'est pas tout. Le dénouement, dit-il, ne doit
pas dépendre du secours d'une déesse. Mais la description qu'il
donne de ce dénouement dans ce discours d'Ulysse sur lequel
s'achève la pièce — le plus beau morceau de poésie descriptive
dans toute l'œuvre de Racine — nous met en présence d'un
double miracle ; car c'est un miracle qui fait comprendre à
Calchas que

> Un autre sang d'Hélène, une autre Iphigénie
> Sur ce bord immolée y doit laisser sa vie.

Comment l'apprend-il ? Ulysse nous l'explique :

> Entre les deux partis, Calchas s'est avancé,
> L'œil farouche, l'air sombre et le poil hérissé,
> Terrible, et *plein du dieu* qui l'agitait sans doute.
> Vous, Achille, a-t-il dit, et vous, Grecs, qu'on m'écoute.
> Le dieu qui maintenant vous parle par ma voix
> M'explique son oracle et m'instruit de son choix. (1743 s.)

On ne saurait mieux dire pour affirmer que le dénouement heureux auquel nous allons assister est l'œuvre du dieu qui nous
parle par la bouche d'Ulysse. Et ce n'est pas encore tout. Non
seulement, après le suicide d'Eriphile qui s'empare du couteau
de Calchas pour le plonger dans son sein,

> Les dieux font sur l'autel entendre le tonnerre ;

non seulement

> Les vents agitent l'air d'heureux frémissements,
> Et la mer leur répond par ses mugissements ;

mais

> La flamme du bûcher d'elle-même s'allume
> Le ciel brille d'éclairs, s'entr'ouvre, et parmi nous
> Jette une sainte horreur qui nous rassure tous.

Et à cette sainte horreur s'ajoute encore le témoignage indi-
rect, il est vrai, mais décisif, de la présence de Diane elle-
même :

> Le soldat étonné dit que dans une nue
> Jusque sur le bûcher Diane est descendue,
> Et croit que s'élevant au travers de ses feux
> Elle portait au ciel notre encens et nos vœux. (1778 s.)

Ulysse, pour rapporter cette apparition de la déesse, prend ici
à témoin un personnage anonyme que nous ne voyons pas ;
comme nous ne voyons pas sur la scène ceux qui, d'après le
récit de Théramène, avaient vu, avant la mort d'Hippolyte, « un
dieu qui pressait le flanc poudreux de ses coursiers ». Jamais
on ne voit sur le théâtre de Racine ceux qui disent avoir vu
une déesse ou un dieu, l'idée même de les montrer répugne à

Racine ; et même lorsqu'Ulysse rapporte la scène à l'autel et les propos de Calchas « agité par un dieu », il dit, vous vous en souvenez :

  Terrible et plein du dieu qui l'agitait sans doute.

Ce *sans doute* est, vous le savez, une expression de doute, ou au moins d'incertitude, qui enlève à l'énoncé du fait sa valeur affirmative et lui confère une valeur *affective* — celle d'une impression qui ne répond pas nécessairement à la réalité.

Cet élément merveilleux dans *Iphigénie* a toujours été pour la critique une pierre d'achoppement, précisément parce que l'usage que Racine en a fait échappe, dirait-on, à la logique normale. Il est évidemment incroyable et absurde qu'une jeune fille soit changée en biche ou qu'elle soit enlevée par une déesse ; mais n'est-il pas tout aussi incroyable et absurde que la mort sanglante d'une jeune fille ait pour effet de faire souffler les vents ? Et n'est-il pas vrai que la question agitée d'un bout à l'autre d'*Iphigénie* est de savoir si l'on va égorger une jeune fille pour obtenir des dieux un vent favorable ?

Certes ; et cependant il y a, dans le choix que Racine a fait du merveilleux, une certaine signification qu'il serait intéressant de dégager. Le merveilleux de Racine est un merveilleux qui ne suppose pas la présence des dieux, et même ceux qui communiquent directement avec eux — Calchas dans *Iphigénie*, Tirésias dans *La Thébaïde* — restent invisibles. Théramène, je viens de vous le rappeler, n'a pas vu Neptune au-dessus du char fracassé d'Hippolyte ; Ulysse n'a pas vu Diane sur le bûcher d'Eriphile ; ils ne rapportent, l'un et l'autre, que des on-dit. Les dieux ne se montrent aux personnages parlants que dans les songes ou dans les accès de folie : Oreste halluciné voit les Furies ; Agamemnon endormi est obsédé par les Immortels. Et le plus remarquable, c'est que cette absence matérielle des dieux n'empêche nullement un certain merveilleux de s'installer au cœur même de l'action. Selon Pierre Moreau — qui est un des seuls à l'avoir remarqué — « dans la crainte même de les faire apparaître [les dieux]... on sent un respect qui, peu à peu, grandit, et qui se nuance de terreur. »[80] Les hommes, qu'ils s'appellent Oreste ou Agamemnon ou Thésée, ne doivent-ils pas subir le « trouble fatal » dont parle Mithridate parce que quelque chose dont les dieux sont les symboles et les images, ce quelque chose que nous appelons fatalité, l'a amené, malgré nous et peut-être malgré eux ? Le délire, la transe nous ouvrent un jour sur cette région de l'âme dont les dieux s'emparent, pour nous en faciliter l'intelligence. Ainsi s'engage, sur une scène affranchie de tout lien visible avec l'Olympe, un dialogue de l'homme avec ce qui le dépasse et souvent le domine : dialogue dont on recueillera les échos dans certains vers de Clytemnestre[81] et qui expliquera d'un bout à l'autre le rôle de

---

80. *Racine, l'homme et l'œuvre*, éd. 1968, p. 151.
81. L'auteur vise sans doute les vv. 1697-99 : *C'est le pur sang du dieu...; J'entends gronder la foudre...* — N. de l'Editeur.

Phèdre. Un certain jour fabuleux éclairera ces personnages grandis par leur mission et par une sorte d'hérédité divine qui les situe à mi-chemin d'un monde invisible, là où le drame divin double le drame humain.

Dans ses notes marginales sur les Psaumes, Racine explique un verset [82] en disant : « C'est dans sa colère que Dieu accorde la plupart des choses qu'on demande avec passion. » La légende grecque offrait à Racine tout un système d'images à la fois allégoriques et poétiques à travers lesquelles pouvait aisément se manifester cette invisible transcendance sans laquelle il est difficile de concevoir et de faire sentir le destin insondable de l'homme. Et c'est précisément dans *Iphigénie* que Racine réussit, pour la première fois depuis *Andromaque*, à nous la rendre sensible par les moyens strictement immatériels : par l'horreur que nous inspire la pensée d'un destin malveillant, et par cette autre horreur, joyeuse et triomphante :

> Le ciel brûle d'éclairs, s'entrouve et parmi nous
> Jette une sainte horreur qui nous rassure tous
>
> (1783-4)

— où le mot désigne cet étonnement mêlé de crainte, qui fait frissonner l'homme devant les choses surnaturelles : sorte de terreur sacrée semblable à « l'horreur de ces bois » dont parle Mme de Sévigné pour désigner les mystérieuses profondeurs d'une forêt. (Il s'agit dans l'un et l'autre cas d'un latinisme : *horror* en latin peut signifier « frisson de crainte devant un mystère » ou ce mystère lui-même.) [83]

Ce n'est donc pas seulement le chemin de la Grèce que Racine a retrouvé en passant de *Mithridate* à *Iphigénie*, c'est aussi l'antique sentiment de la Némésis qui grâce à ce retour passe de la tragédie grecque à celle de Racine. N'irritez-pas le destin, conseille Ulysse à Achille (190 s.) ; soumettez-vous au sacrifice, dit-il a Agamemnon, car c'est ainsi qu'il faut payer votre bonheur de roi et de père. Non que la colère des dieux nous soit jamais expliquée : elle a des causes souvent insaisissables à l'esprit de l'homme. Et, chose remarquable, c'est l'Agamemnon de Racine plutôt que celui d'Euripide qui incarne cette misère de l'homme devant l'insondable destin, ce « funeste mystère » dont l'homme poursuit en vain l'explication.

Ce destin est toujours là, fascinant, permanent, plus terrible même que les dieux qu'invoque Agamemnon, digne émule de ces héros de l'antiquité qui connaissaient leurs victimes avant de les immoler. L'Agamemnon d'Euripide prend vite son parti, comme si la décision qu'il prend de faire périr sa fille coûtait

---

82. *Et dedit eis petitionem ipsorum* (Ps. 106, 15).
83. *His ibi me rebus quaedam divina voluptas*
    percipit atque horror   (Lucrèce, III, 28 s.) ;
        Non ulli frondem praebentibus aurae
    arboribus suus horror inest   (Lucain, III, 410 s.)
(« Ces arbres qui ne présentent leur feuillage à aucune brise inspirent une horreur toute particulière » — tr. E. Bourgery). — N. de l'Auteur.

relativement peu à sa sensibilité paternelle. Par contre, l'Agamemnon de Racine est un personnage complexe, incertain,
cruellement divisé contre lui-même, qui souffre et dont la souffrance donne tout leur sens aux scènes où on le voit paraître.
Parmi les changements que Racine a pratiqués dans son adaptation de la pièce d'Euripide, il y en a un qui est particulièrement significatif : le rôle d'Iphigénie ne se divise pas chez lui,
comme chez Euripide, en deux phases distinctes, l'une suppliante, l'autre héroïque. Dès qu'elle apprend la « nouvelle sanglante », elle oppose aux imprécations d'Achille et de Clytemnestre une attitude de sérénité, et c'est sa plainte résignée, tendre et héroïque à la fois, qui arrache à Agamemnon son cri
d'angoisse :

> Grands dieux, me deviez-vous laisser un cœur de père ?
>
> (1322)

Et si la prière d'Iphigénie, cette superbe tirade de l'acte IV
(scène 4), est d'une si grande beauté tragique, c'est précisément parce que c'est Agamemnon qui l'écoute, et que chaque
expression d'affection filiale y est une blessure de plus à lui
infliger. C'est pour lui rendre au vif l'horreur de son état
qu'Iphigénie — sans le savoir, certes — prononce ces paroles
à la fois tendres et si cruelles :

> Fille d'Agamemnon, c'est moi qui la première,
> Seigneur, vous appelai de ce doux nom de père.

Tout comme le récit de Théramène, la prière d'Iphigénie cherche beaucoup moins à attendrir le public qu'à émouvoir Agamemnon, troublé par l'affreuse image d'un être cher qu'il
cherche en vain à protéger. La légende d'Agamemnon s'en
dégage dotée d'une puissance nouvelle. Diderot a mis le doigt
sur le nerf le plus sensible de l'œuvre dans une lettre à Sophie
Volland où il lui reproche d'avoir si mal compris *Iphigénie*.
Comment, lui dit-il, n'avez-vous pas pensé à Agamemnon ? « Un
père immole sa fille par ambition, et il ne faut pas qu'il soit
odieux. Quel problème à résoudre ! Voyez tout ce que le poète
a fait pour cela. »[84] Remarque géniale qui cerne tout le problème d'*Iphigénie* : « il ne faut pas qu'il soit odieux » veut
dire : « il faut que nous ressentions devant le sort d'Agamemnon à la fois la terreur du destin et de la pitié pour ses victimes
conscientes du mal qui s'acharne sur elles. »
Tout cela, me direz-vous, n'est qu'un côté de l'*Iphigénie* de
Racine, et ce n'est pas à cet aspect de l'œuvre que s'attache
d'habitude la critique. Racine ajoute au mythe d'Agamemnon
et d'Iphigénie une intrigue d'amour qui est sans rapport avec
l'Iphigénie grecque. En ce faisant Racine s'inspire d'une *Iphigénie* française, celle de Rotrou (1640) qui le premier avait
rendu Achille passionnément amoureux d'Iphigénie et introduit Ulysse, personnage dramatiquement plus utile que Méné-

---

84. Lettre du 6 novembre 1760.

las. En inventant le personnage d'Eriphile amoureuse d'Achille, Racine n'a fait qu'achever ce développement : l'intrigue inventée par Rotrou appelait, si je puis dire, un complément de jalousie. Et c'est ainsi que sur le mythe d'Iphigénie et d'Agamemnon se greffe une intrigue galante, et une intrigue qui relève davantage de la tragi-comédie que de la tragédie. A telles enseignes qu'on s'est souvent demandé si la pièce tout entière mérite d'être appelée tragédie. Les spectateurs qui la voyaient jouer au XVIIᵉ siècle et qui selon leur habitude versaient des larmes, ne pleuraient pas pour Eriphile dont la mort ne chagrinait personne ; ils pleuraient à cause de la menace qui pesait sur l'innocente Iphigénie. Et ces spectateurs avaient certainement raison : ils avaient raison de voir dans le thème d'Agamemnon et d'Iphigénie le vrai foyer pathétique de l'œuvre. C'est la critique moderne qui, dans l'impossibilité où elle se trouvait d'unifier l'action autour de ce thème, cherche désespérément un autre centre, et essaie par tous les moyens de le situer, qui l'eût cru ? dans le rôle d'Eriphile ! Le comble de l'incompréhension a été atteint par le critique du *Temps*, Robert Kemp, qui disait dans un feuilleton du 16 mai 1938 :

> L'imbécillité d'Agamemnon nous rend indifférents à sa douleur paternelle, et au lieu de nous écrier : « Comme il est malheureux » nous soupirons « Comme il est bête »... Le vivant, le durable de la tragédie, c'est Eriphile. Alors Racine est Racine. Le respect de la légende ne pèse pas sur lui comme un couvercle. Il compose une femme à son goût : griffue et intoxiquée, il lui injecte, à l'essai, les poisons de Phèdre... Eriphile a l'orgueil d'Hermione, la sauvagerie de Roxane, la sensualité de Phèdre et une jalousie qui n'est qu'à elle.

Voilà l'avis d'un critique français chevronné, très écouté. Mais d'un critique dont la formation et la façon de concevoir une œuvre dramatique l'empêche de comprendre quoi que ce soit à l'œuvre de Racine. C'est précisément parce que le respect de la légende ne pèse pas sur Racine comme un couvercle, que Racine reste supérieurement lui-même dans Agamemnon.

Seulement, bien entendu, dès qu'on voit sous cet angle une pièce comme *Iphigénie* il devient extrêmement difficile d'en justifier la structure dramatique : le drame d'Eriphile n'a pas besoin pour se développer logiquement et harmonieusement du tragique d'Agamemnon. Et lorsqu'on parcourt les textes critiques consacrés à Iphigénie on voit bien que c'est là en somme une question de choix. Les uns, comme Diderot, sont surtout sensibles au pathétique d'Agamemnon, d'autres préfèrent les jeux de l'intrigue dont Eriphile est le centre.

Je m'en voudrais de vous imposer une manière de voir qui n'est peut-être pas conforme à ce que vous avez ressenti en lisant *Iphigénie*, mais je voudrais, à titre strictement documentaire, vous dire comment les contemporains de Racine ont réagi devant cette pièce.

Trois mois après sa **première représentation (elle fut jouée**

pour la première fois le 5 avril 1675) paraissait chez Etienne
Michallet un *Entretien sur les tragédies de ce temps* dont
l'auteur était Pierre de Villiers, connu surtout par une bou-
tade de Boileau qui l'appelle, on ne sait trop pourquoi, le
« matamore de Cluny ». Il avait, semble-t-il, un « air audacieux et la parole impérieuse ». Dans cet *Entretien*[85], deux
personnages, Cléarque et Timante, échangent des propos sur
la valeur de l'œuvre en tant que tragédie. Pour Timante, qui
est visiblement le porte-parole de l'auteur, il s'agit tout d'abord
de savoir où réside le véritable intérêt de la pièce.

> Il était assez difficile, dit-il, de ne pas pleurer en quelques
> endroits ; mais savez-vous bien la pensée qui m'est venue
> en voyant cette tragédie ?
> *Cléarque.* Quoi ?
> *Timante.* Qu'on peut faire de fort belles tragédies sans
> amour ; je parle de l'amour tendre et passionné des amants.

Timante ne condamne point Racine d'avoir introduit le personnage d'Achille ; il l'en loue même, mais il affirme « qu'on
peut faire une belle tragédie sans amour » et que « si l'auteur
d'*Iphigénie* avait voulu nous donner une pièce sans amour,
il aurait bien trouvé le moyen de la rendre bonne ». Et lorsque
Cléarque lui répond que le côté filial du personnage d'Iphigénie,
« les empressements qu'elle témoigne pour être caressée de son
père, ne sont pas les plus beaux endroits de la pièce », Timante
riposte que c'est précisément « ce qui fait tout le jeu du
théâtre ».

Chose curieuse : l'auteur de ce premier éloge d'*Iphigénie* y
admire ce que la critique moderne y a systématiquement négligé,
et il laisse de côté tout ce qu'on a coutume d'y admirer, c'est-
à-dire la composition dramatique, la logique du dénouement,
l'emploi de ces revirements momentanés qui sont les étapes
nécessaires d'une action dramatique bien conduite. L'intérêt de
la pièce ne réside pas, selon lui, dans l'intrigue qui se dénoue
au cinquième acte par le triomphe des deux amants vertueux,
il est tout entier dans ce qu'il appelle « la tendresse et les
embarras d'Agamemnon », *embarras* voulant dire ici situation
morale complexe. Timante ne se demande pas si, en mettant
l'accent sur le rôle d'Agamemnon, il nuit à l'unité d'action et
fausse la perspective dramatique de l'œuvre. Il parle en toute
simplicité de ce qui l'a ému et de ce qu'il a aimé, et son interlocuteur, qui pourtant ne se fait pas faute de protester de
temps en temps, ne lui fait jamais remarquer qu'une telle interprétation risquerait de condamner la pièce pour son irrégula-
rité. Ni l'un ni l'autre ne songe qu'à force de concentrer toute
la lumière sur Agamemnon plutôt que sur Iphigénie, Achille et
Eriphile, on risque de ne pas pouvoir justifier le cinquième
acte, où Agamemnon ne paraît plus et où son nom même n'est
presque pas prononcé.

---

85. In Granet (v. la n. 78 *supra*), I, 10.

Nous sommes donc en présence de deux options très différentes, celle des contemporains de Racine (car au témoignage de Pierre de Villiers on pourrait ajouter celui de quelques autres spectateurs et lecteurs de l'époque) et celle de ses critiques modernes, déjà esquissée au XVIII° siècle par Voltaire. Comment choisir entre ces deux manières de voir ? Pour donner une idée plus nette encore de la réaction des contemporains de Racine, voici un autre extrait du dialogue de Pierre de Villiers. Vous y trouverez entre autres une remarque qui semble prendre tout son sens lorsqu'on songe à la pièce qui a suivi *Iphigénie*.

> La fin d'une tragédie est d'exciter la pitié et la crainte ; est-il nécessaire pour me faire craindre, qu'un homme ait de l'amour, & ne peut-on avoir pitié que d'un amant malheureux ?...
>
> Pour la crainte,... vous savez que l'amour n'est guère capable de la faire naître en nos cœurs, et que les fureurs d'un tyran, la jalousie, la vengeance, la haine & les autres passions sont les causes ordinaires de la terreur. Voulez-vous savoir pourquoi les tragédies grecques épouvantaient si fort les esprits ? C'est parce que les Grecs ne s'attachaient qu'à ces grandes passions... Ces histoires fournissent assez de passions et d'intrigues pour une belle tragédie. *Un roi qui fait mourir son propre fils.* Un général d'armée qui sacrifie à sa foi ses enfants, sa femme et sa réputation. [86]

Ne voit-on pas déjà se dresser à l'horizon la figure sombre et menaçante de Thésée, victime lui aussi de cette proximité du divin et de l'inconnaissable qui est après tout le vrai sens du tragique humain ?

---

86. *Loc. cit.*, pp. **24, 26, 36.**

XVI

Le père d'Iphigénie préfigure donc, dans une certaine mesure, le père d'Hippolyte. Il y a même dans le rôle de Thésée des échos fidèles des paroles d'Agamemnon. Celui-ci s'écrie, dans la scène 4 de l'acte IV :

> Ils ont trompé les soins d'un père infortuné
> Qui protégeait en vain ce qu'ils ont condamné,

et cette rime symbolique — infortuné : condamné — se retrouve dans la scène finale de *Phèdre*, lorsque Phèdre apprend à Thésée l'innocence d'Hippolyte (1619-20) :

> Ah ! père infortuné !
> Et c'est sur votre foi que je l'ai condamné !

La nouvelle sanglante (1034) dont parle Iphigénie suggèrera à Thésée, encore une fois dans la scène finale de Phèdre, ces vers :

> Laissez-moi loin de vous et loin de ce rivage
> De mon fils déchiré fuir la *sanglante image*

et tout comme Agamemnon, Thésée conjurera sa victime élue par le sort de *fuir* le coup mortel qu'il lui prépare. *Fuyez... fuyez vous dis-je...* suppliera Agamemnon, et Thésée dans le grand monologue de la malédiction paternelle dira de même :

> Fuis...
> *Fuis, dis-je* et sans retour précipitant tes pas
> De ton horrible aspect purge tous mes États.

A l'un comme à l'autre, le sort impose le plus noir des sacrifices : pas plus qu'Agamemnon n'ose désobéir à l'oracle, Thésée ne saura point arrêter la colère divine descendue en lui.

Qu'est-ce à dire sinon que dans *Iphigénie*, on voit surgir déjà des profondeurs de l'être et du mystère de l'existence qui entoure l'homme, un destin tragique qui exige le concours de l'homme et l'associe à ses volontés ? Agamemnon, dans *Iphigénie*, incarne cette fatalité dont l'homme poursuit en vain l'explication et qui, dans cette pièce à la fois si moderne et si intimement liée à la légende, côtoie le drame humain. Un des tout premiers vers que nous y entendons prononcer nous plonge dans l'univers du mythe dont la légende d'Agamemnon

ressort avec une puissance nouvelle. Euripide avait dit
simplement :

> Le calme qui règne ici n'est troublé ni par le chant des
> oiseaux ni par le bruit des flots. Le silence des vents s'étend
> sur l'Euripe.

Ce qui devient, dans les vers sur lesquels s'ouvre l'*Iphigénie* de
Racine :

> Mais tout dort, et l'armée, et les vents et Neptune.

C'est dans des vers comme celui-ci que Lytton Strachey [87] trouvait des accents de complète et profonde vérité, plus saisis-
sants que le fameux « not a mouse stirring » de Shakespeare,
et donnant l'impression d'une ombre vaste et vide qui s'étend
sur un univers plongé dans une sinistre quiétude. Ce qui importe
surtout, me semble-t-il, c'est moins la vérité de la description
que sa valeur suggestive, l'évocation qu'elle contient d'un monde
régi par des puissances secrètes au seuil d'une fatale journée.
    Et cette journée sera en même temps l'occasion d'une déli-
vrance, d'un triomphe des volontés et des passions humaines
sur un obstacle qui avait failli les anéantir. Le pathétique d'Agamemnon évoluera parallèlement à l'intrigue qui se nouera et
se dénouera autour des rôles d'Iphigénie, d'Achille et d'Eriphile,
de cette intrigue à trois personnes qui aboutit à la mort de
celle qui gênait le bonheur des deux autres. Dans le dialogue
de Pierre de Villiers que j'ai cité la dernière fois, ces deux
témoins d'une des premières représentations d'*Iphigénie* ont
senti que ce cinquième acte où se dénoue si heureusement
l'aventure d'Iphigénie et d'Achille est en rupture totale avec
le thème tragique d'Agamemnon : rupture poétique et morale
plutôt que matérielle, car il faut évidemment pour qu'Iphigénie puisse célébrer son triomphe qu'un obstacle se dresse sur
son chemin, et cet obstacle, c'est Agamemnon, c'est l'oracle,
c'est les dieux qui le créent. Mais on peut dire que cette apothéose triomphale abolit jusqu'au souvenir du mythe tragique et
du héros condamné à en subir l'emprise. « Enfin le ciel est
apaisé » ; c'est Ulysse lui-même qui le dit avant de prononcer
son discours libérateur, son récit du miracle qui vient d'arracher Iphigénie au couteau du sacrificateur. Scène de triomphe
d'autant plus joyeuse que tous les personnages sont encore,
comme Ulysse lui-même,

> Saisi(s) d'horreur, de joie et de ravissement
>
>   (1732)

D'où le dilemme que la critique jusqu'ici n'a pas réussi à
résoudre : sacrifier l'unité de l'œuvre en insistant, comme le
faisaient les contemporains de Racine et comme le voulait
encore Diderot, sur le thème tragique d'Agamemnon, ou essayer
de voir dans le destin d'Agamemnon un élément secondaire
subordonné à l'intrigue qui se résout au cinquième acte ?

---

87. L. Strachey, *Books and Characters*, 1922, p. 16.

La solution que je vous propose consiste tout d'abord à n'y voir aucun dilemme, mais tout simplement une forme d'art qui englobe deux manières divergentes de concevoir l'action, autrement dit une œuvre qui n'obéit pas à un principe unique, et que l'on peut situer tantôt sur un plan tantôt sur un autre. Certes, le fait même de s'achever dans une tonalité triomphante peut nous en faire oublier le potentiel tragique : un dénouement heureux a souvent cet effet sur l'esprit de tout spectateur trop humain pour ne pas fuir le tragique. La critique anglaise s'est heurtée à un problème analogue à propos du *Marchand de Venise*, et les travaux les plus récents tendent justement à suggérer une solution analogue à celle que je crois devoir adopter dans le cas d'*Iphigénie* : je vois pour ma part le moment essentiel de l'œuvre dans le destin d'Agamemnon, dans le sort d'un père condamné à faire périr sa fille. Ce thème, développé par Racine sur la base d'une légende ancienne, ne pouvait certes pas subsister seul dans une pièce moderne qui ne saurait se passer de revirement, de changement de mal en bien et de bien en mal. Il lui fallait le support d'un mécanisme dramatique amplement articulé. N'est-ce pas là surtout le rôle de l'histoire d'amour d'Achille, d'Iphigénie et d'Eriphile ?

La tragédie française du XVIIe siècle ne pouvait se passer d'intrigue, et c'est d'ailleurs ce qui a fait évoluer le sens même du mot « tragédie » d'une façon qui étonne parfois les esprits formés à une culture strictement humaniste : ce terme en est venu à désigner une lutte engagée par l'homme contre une force supérieure, mais de même nature. « Nous éprouvons alors, nous dit Gustave Michaut, un plaisir d'une nature particulière à voir les héros déployer leur activité et résister jusqu'au bout avec quelque espoir de succès. » C'est bien cela qu'il appelle « émotion tragique », et parce que, dans *Phèdre*, il trouve un être humain dominé par une puissance énorme et disproportionnée, pour lui, dans *Phèdre* l'émotion change de nature : de tragique elle devient — étrange opposition — poétique. Tout se passe comme si, pour Michaut, et peut-être pour toute cette critique universitaire qui depuis près d'un siècle nous cache le vrai Racine, la tragédie veut dire tout autre chose que poésie : la tragédie, c'est quelque chose où la raison trouve son compte, où s'exerce un intérêt de curiosité nourri par les données d'un problème à résoudre, où l'action est un problème et non un chant de désespoir qui met l'homme en face de son destin.

Or, il me semble qu'il est possible de ne rien enlever à la signification première du terme de « tragédie » tout en l'appliquant à une œuvre comme *Phèdre*. Il suffit de se dire que tout ce qui vit est par définition multiple, et que loin d'avoir franchi, dans *Phèdre*, les bornes du genre tragique, comme le veut Gustave Michaut, Racine y a, au contraire, créé une forme de théâtre où le tragique se déploie pleinement à l'intérieur d'un cadre emprunté à la tradition théâtrale de l'époque, cadre qui ne fait qu'en réhausser le sens et la portée affective. Dans *Phèdre* Racine a rassemblé, en effet, toutes les formes d'action que lui fournissaient à la fois le théâtre de son temps et sa propre sensibilité de poète tragique. Ces formes, il les avait déjà mises à l'épreuve l'une après l'autre : la forme néo-classique dans *Britannicus*, la forme romanesque dans *Bajazet*, la forme tragique simple, pleinement intériorisée dans *Bérénice* ; et il avait exploité également diverses possibilités de synthèse de ces éléments, dans *Mithridate* comme dans *Iphigénie*.

Ajoutons que ces disparates, ces contrastes, que nous révèle l'analyse critique ne sont presque jamais visibles à l'œil nu. Une mélodie à cadences maintes fois répétées semble tisser autour de chaque œuvre de Racine un voile d'harmonie flottante, qui efface à nos yeux le passage d'un registre à un autre, du style romanesque au style tragique. Il s'en dégage une impression de quelque chose de si souverainement cohérent, de si pleinement unifié, qu'on renonce à chercher dans le texte qu'on lit ou dans la pièce qu'on écoute, les pleins et les déliés, les incompatibilités latentes et les dissonances irrésolues : on s'arrête comme devant un miracle de grandeur et de plénitude devant cette production si irréfragable, toujours si harmonieusement égale à elle-même. L'analyse critique, ici, est aussi inutile à une prise de conscience poétique devant l'œuvre, que les expériences de découpage pratiquées sur certains vers. Tout comme les plus beaux et les plus purs des vers de Racine sont des trouvailles composites où il y a une part de langage poétique et une part de la parole à l'état brut, le grand chef-d'œuvre qui couronne la période profane de son théâtre est une œuvre composite, qu'on le veuille ou non, une œuvre où des formes de théâtre qui devraient se heurter sinon s'exclure mutuellement, collaborent toutes à un effet d'ensemble qui eût été impossible à obtenir dans une composition moins ouverte à toutes les formes connues de l'action dramatique : *Phèdre* est à la fois une pièce à intrigue, une œuvre composée selon la plus stricte méthode discursive, et une tragédie plus profondément intériorisée qu'aucune de celles qui l'ont précédée. Brunetière [88] déplorait, dans *Phèdre*, la chute de la forme d'action classique, où rien ne vient du dehors, où tout est subordonné au jeu des sentiments et des volontés ; c'est qu'il ne concevait pas qu'une tragédie pût être tributaire de plus d'une loi, exemple de plus d'une forme et capable d'en réunir plusieurs, comme toute œuvre vouée à une vie multiple.

Nous toucherons là à un problème d'esthétique générale qui se pose de façon de plus en plus concrète aux historiens des lettres, à ceux du moins qui commencent à secouer le joug des doctrines auxquelles jusqu'ici nous avons tous été asservis : le problème de l'autonomie des œuvres vis-à-vis des principes théoriques sur lesquels reposent les doctrines. Que de fois n'a-t-on pas constaté l'inefficacité des doctrines en tant que recettes de l'art d'écrire ? La plus mauvaise pièce du XVIIe siècle est certainement celle que nous devons à un des plus grands théoriciens

---

88. F. Brunetière, *Epoques du théâtre français*, 1892, pp. 173, 176.

du théâtre de l'époque, Hédelin, abbé d'Aubignac. Cette pièce est une tragédie en prose, elle s'appelle *Zénobie*, et personne ne conteste le fait qu'elle est composée suivant les règles dites d'Aristote que d'Aubignac avait commentées. Personne ne conteste non plus le fait que jamais pièce n'ennuya plus méthodiquement. « Le prince de Condé disait à ce sujet : Je sais bon gré à l'abbé d'Aubignac d'avoir si bien suivi les règles d'Aristote ; mais je ne pardonne point aux règles d'Aristote d'avoir fait faire à l'abbé d'Aubignac une si méchante tragédie. » Et c'est là certainement une anecdote symbolique. Ce n'est pas dans la fidélité à une forme fixe que réside le secret d'une œuvre comme *Phèdre*, qui réunit en un ensemble harmonieux des éléments d'origine et de nature diverses.

On a beau dire que sans la fausse nouvelle de la mort de Thésée et sans son retour inattendu il n'y aurait pas d'action au sens où l'on entend habituellement ce terme. Ce que nous avons pu constater au cours de nos recherches sur le texte même de *Phèdre*, c'est qu'il y a justement là une action qui fait en quelque sorte contrepoint à l'autre, une action qui se situe à un autre niveau, mais qui n'est ni moins tendue ni moins violente. Il y a des moments où l'action intérieure — ou intériorisée — se dissocie de l'action externe comme dans les deux dialogues que nous avons étudiés de près : celui de la scène de la déclaration, et celui qui aboutit à la condamnation d'Hippolyte. Dans chacun de ces cas il ne s'agit pas de faire jaillir les événements de l'action réciproque des personnages, ni de se fier au jeu du hasard, mais de mettre au service des personnages parlants les puissances du discours poétique, puissances qui risquent à tout moment de les acculer à leur sort et de créer en nous-mêmes le sentiment d'une marche précipitée, inéluctable, vers le malheur. Au mouvement de l'intrigue s'ajoute, se superpose cet autre mouvement, dicté par une logique irrésistible génératrice non certes d'impatience et de curiosité mais d'émotion. Juxtaposer en les réunissant ces deux formes d'action, l'une poétique, l'autre matérielle, celle-ci faisant évoluer les événements au gré d'un choc savamment calculé soit des circonstances soit de volontés humaines, celle-là approfondissant, à l'aide de la parole, le trouble d'une âme repliée sur elle-même — voilà la tâche que Racine semble s'être donnée, et voilà la seule voie qui fût ouverte au XVIIᵉ siècle, à un poète épris à la fois du tragique ancien et du théâtre de son temps.

Racine a toujours été occupé par le souci de rendre ainsi à la tragédie son mystère poétique, sa dignité de grand office profane, et de restituer à la poésie la fonction que la pente prosaïque du siècle lui avait momentanément enlevée. La tragédie avait été pour l'antiquité une forme à la fois d'expression et d'action poétique. Au XVIIᵉ siècle, Racine est peut-être le seul à lui reconnaître ce rôle, le seul à faire obéir ses personnages à la loi de la progression tragique, même lorsque, pour satisfaire les « amateurs de spectacles frivoles », c'est-à-dire le goût du temps, il laisse agir ces mêmes personnages sur un plan tout autre, sans jamais entraver leur travail intérieur qui

se poursuit avec une rare énergie, jusqu'à l'accomplissement
définitif de leur destin.

C'est ainsi que Phèdre elle-même définit sa tâche d'héroïne
tragique dans les dernières paroles qu'elle prononce devant
Thésée :

> J'ai voulu, devant vous exposant mes remords,
> Par un chemin plus lent descendre chez les morts.

Pour apprécier à sa juste valeur la façon dont Racine a struc-
turé cette scène finale de *Phèdre*, laissez-moi vous rappeler
comment Sénèque et Garnier l'avaient conçue. Comme chez
Racine, la tragédie s'achève là sur un dialogue entre Thésée et
Phèdre, dialogue qui au fond n'en est pas un puisque chaque
personnage monologue, si je puis m'exprimer ainsi, pour son
compte sans écouter son interlocuteur. La scène est d'ailleurs
presque exclusivement une lamentation sur le corps d'Hippolyte. Elle se compose de deux *planctus* pleins d'apostrophes
déchirantes, d'allusions mythologiques et, dans Garnier, de
sentences. C'est Phèdre surtout qui, s'adressant visiblement au
public, abonde en maximes morales qui jugent sa conduite :

> Apprenez de ne croire aux plaintes sanguinaires
> Que vous font méchamment vos femmes adultères.

Le geste final de Phèdre — son suicide — est très imparfaite-
ment expliqué par l'horreur qu'elle éprouve devant le corps
mutilé d'Hippolyte. N'ayant pu s'unir à lui dans la vie, elle
cherche à le rejoindre dans la mort :

> Las ! qu'il permette au moins que de nos âmes vides
> Nos corps se puissent joindre aux sépulcres humides.

Elle se tue avec l'épée qu'elle avait arrachée à Hippolyte et qui
a servi de fausse pièce à conviction, et en ce faisant elle déclare
coupable l'amour qu'elle avait pour lui.

Thésée la laisse faire : il la voit venir l'épée d'Hippolyte en
main, l'entend dire qu'elle va se tuer et ne fait rien pour empêcher son suicide. Peut-être le motif de ce geste lui échappe-t-il,
comme il peut échapper au lecteur. Phèdre meurt devant Thésée après avoir annoncé sa mort dans une longue, une interminable tirade que Thésée écoute patiemment. Lorsque dans la
pièce de Senèque, Thésée se voit devant deux cadavres, celui
de Phèdre et celui d'Hippolyte, il se met à parler à son tour,
pour reconnaître son crime — *crimen agnosco meum* — mais
aussi pour maudire Phèdre. Chez Garnier si la culpabilité de
Thésée est encore soulignée, sa lamentation porte surtout sur
son malheur, sur la souffrance qui rachète les fautes. Comme
le monologue de Phèdre, celui de Thésée ne fait que *commenter* l'action qui a déjà eu lieu, sans rien expliquer de ce qui va
se passer.

Nous sommes là encore à l'époque où l'on ignorait, dans la
tragédie, le dynamisme des discours, et où les personnages parlaient non pour agir ou faire agir les autres mais pour exposer

la signification des scènes représentées. Et si j'ai tenu à vous rappeler ce qui se passe chez Sénèque et chez Garnier, c'est pour montrer comment sous la plume de Racine la scène de la mort de Phèdre s'est animée et s'est illuminée à la fois. Phèdre ne se donne pas la mort sur la scène : elle est déjà mourante au moment où elle y entre ; déjà le poison que Médée apporta dans Athènes a commencé à lui ravir ce reste de chaleur qui était, depuis le début de son rôle, tout prêt à s'exhaler. Mais Phèdre doit encore nous convaincre qu'il ne saurait en être autrement, que tout dans son rôle appelle cette fin. A la mort instantanée par l'épée s'oppose ici le chemin plus lent que Phèdre a choisi elle-même, et qu'elle refait devant nous, devant Thésée, par la simple évocation des étapes déjà franchies. La magie du langage reparaît : l'image des *brûlantes veines* se ranime au contact du *froid inconnu*, dépouille toute apparence de préciosité. Elle prolonge d'ailleurs la *flamme funeste*, et le *feu* qui faisait horreur à Hippolyte, si bien que toute une structure imagée se dégage de ces quelques vers, chacun des mots qui la composent étant fortement souligné par le rythme :

> une *flamme funeste*...
> Ne découvrît un *feu*...
> J'ai pris, j'ai fait couler dans mes *brûlantes veines*...
> jette un *froid* inconnu.

Le rythme est d'ailleurs appelé ici à traduire un autre motif qui se joint à celui-là. A ne considérer que les vers 1635-44, on constate un remarquable jeu rythmique :

> J'ai voulu, devant vous exposant mes remords,
> Par un chemin plus lent descendre chez les morts.
> J'ai pris, j'ai fait couler dans mes brûlantes veines
> Un poison que Médée apporta dans Athènes.
> Déjà jusqu'à mon cœur le venin parvenu
> Dans ce cœur expirant jette un froid inconnu ;
> Déjà je ne vois plus qu'à travers un nuage
> Et le ciel, et l'époux que ma présence outrage ;
> Et la mort à mes yeux dérobant la clarté
> Rend au jour, qu'ils souillaient, toute sa pureté.

Au calme de la structure quaternaire (3 + 3 + 3 + 3) du premier vers s'oppose, au vers suivant, la coupe 4 + 2 + 2 + 4 suivie de la coupe inverse 2 + 4 + 4 + 2 qui amène le retour au calme résigné, à la coupe traditionnelle, qui divise le vers en quatre tranches égales. On dirait d'un cœur dont les battements s'accélèrent avant de se ralentir ; et ce même jeu rythmique, ce même passage d'un rythme saccadé au rythme uni, se produit dans les deux vers qui suivent (*Déjà, jusqu'à mon cœur...*), et se prolonge jusqu'à la fin du couplet dont les deux derniers vers sont construits de la même façon : le vers de *la mort* divisé en quatre tranches égales est suivi du vers final où le dernier hémistiche, dont la coupe irrégulière (1 + 5) semble imiter — symboliquement, bien sûr — le dernier soupir, est symbolique aussi à un autre égard : l'hémistiche final, *toute sa pureté*, efface en nous par l'accentuation forte de la première syllabe le verbe qui précède, ce qui laisse dans l'esprit l'image sereine et lumineuse de la pureté retrouvée du jour.

Ainsi, à travers ces quelques mesures finales de la symphonie si riche et si complexe de *Phèdre*, la voix intérieure de l'œuvre efface en nous tout sentiment et tout souvenir des jeux de l'intrigue pour y substituer un mouvement qui le dépasse et l'éclipse par sa puissance et sa grandeur. Les événements que Phèdre évoque ici ont eu lieu, nous le savons : la calomnie, le châtiment injustement infligé à Hippolyte, et, tout au début, l'horreur de l'amour profane et incestueux de Phèdre qui est à l'origine de tout le reste. Mais la seule évocation de ces événements ne saurait justifier le dénouement auquel nous assistons.

Et c'est là justement que se révèle la grande faiblesse, et si je puis dire l'insuffisance esthétique de toute pièce de théâtre cherchant à nous faire accepter un dénouement tragique par le seul effet des événements : quelles que soient les circonstances où nous sommes, rien n'est plus contraire à la nature de l'homme — des hommes *tels qu'ils sont* — que de ne pas chercher un accommodement avec le sort, une issue quelconque qui ne soit pas tragique, qui nous permette de transiger avec les malheurs qui nous frappent. C'est là une des lois de l'existence humaine à laquelle nous sommes tous soumis. Or il arrive qu'une existence humaine, un être humain échappe aux bienfaits artificiels de l'économie civilisée, refuse le bénéfice du compromis, et regarde en face le sort qui lui est réservé. Comment un écrivain peut-il nous convaincre de la réalité d'un tel refus, comment peut-il nous entraîner à l'adhésion, lorsqu'à la suite d'événements que les hommes tels qu'ils sont subissent tant bien que mal, il amène le protagoniste à ne connaître plus aucune raison de vivre ?

S'il se dégage de nos entretiens une conclusion générale de quelque portée, c'est, je crois, la suivante : seule la poésie peut transformer un spectacle comme celui d'*Andromaque* et de *Phèdre* en spectacle tragique. Les ruses du dramaturge, son extrême ingéniosité, le parfait maniement du discours dramatique, enfin tout l'immense appareil de l'action dramatique grave qu'avait fourni à Racine le théâtre de son temps eût été impuissant à créer sur son théâtre à lui l'action tragique au sens propre, authentique du terme.

Et Phèdre, la récitante du drame de Phèdre nous parlant dans les derniers instants de sa vie, des événements qui viennent de se dérouler devant nous, ne devient à nos yeux l'image même du tragique, ne justifie à nos yeux sa noire agonie que par les prestiges du langage. On n'entend rien au tragique de *Phèdre* si on le sépare de son inséparable mélodie. La souffrance, le tourment que Phèdre subit et la mort qu'elle appelle de ses vœux ne deviennent à nos yeux des réalités vivantes et vécues qu'à la faveur de ce chant qui lui dicte chacune de ses paroles.

D'aucuns diraient même que ce miracle poétique qui transforme une pièce à intrigue en haute tragédie amène cette tragédie même à un niveau où, à la douleur de la reconnaissance tragique, s'ajoute le rachat de cette douleur, l'extase de la catharsis, l'assomption des amours meurtrières, des passions sans issue dans un paradis poétique. La poésie apporte-t-elle, en plus de la découverte des vérités tragiques, une sorte de contre-affliction par l'emploi même des vers où l'affliction, la douleur sont étalées ? Peut-on dire que ces vers à la fois terribles et doux, impitoyables et tout imprégnés d'une musique qu'aucune voix ne saurait reproduire, transcendent la tristesse majestueuse où l'auteur de *Phèdre* voyait la fin même de la tragédie ? Que la vraie rédemption, chez Racine, soit ce dépassement même de la tristesse majestueuse du drame humain par la magie du mystère poétique ?

Nous devons nous en tenir là, nous arrêter comme dans toute recherche sérieuse dans notre domaine, au seuil d'un mystère qui reste impénétrable et dont nous espérons seulement que nos efforts nous ont permis de nous rapprocher. C'est au seuil de ce mystère que je vous quitte, avec le sentiment très net d'avoir, grâce à vous, fait du chemin et d'avoir, comme disait Flaubert, « navigué dans le grand ».

ACHEVÉ D'IMPRIMER PAR
LES PRESSES DU PALAIS-ROYAL
65, RUE SAINTE-ANNE, PARIS

Groupement Economique France Gutenberg

2ᵉ TRIMESTRE 1984

Dépôt légal : Mai 1984. — Nᵒ d'impression : 10338
I.S.B.N. 27078 1042 8